JN214893

# かたられる西郷隆盛

## ―歴史学者は〝大丈夫〟か

川道麟太郎
Kawamichi Rintaro

風媒社

# はじめに

歴史学者は常々、史料にもとづいて歴史を語ると言う。「史料に語らせる」という言い方をすることもある。歴史を客観的、実証的に語る態度を言うのである。しかし、現実にはどうであろうか。筆者は近年、西郷隆盛論に関する三冊の本（凡例に記載）を上梓して、歴史学者の史料の扱い方や誤読等を批判してきた。

彼らの西郷隆盛論に「虚偽・虚構の山」を見たからである。今日流に言えば「フェイクの山」である。フェイクニュースというのは人々の感情や思いに訴えかけるニセ情報や似非話を指す。それらはしばしば事実や真実よりも力を持つ。西郷は盛んに語られ、また、騙られてもいる。

しかし、考えてみれば、歴史は古来、伝説・伝記や戦記・英雄伝として語られ、もともとフェイクの色合いが濃い。歴史にはロマンが求められもする。近代の歴史学はそういった歴史の伝統から抜け出て、史料を重視し裏付けの取れる事実の歴史を叙述しようとしてきた。しかし残念ながら、以前からの古い伝統はそうたやすく消えるものではないらしい。

本書では、史観の相違や解釈の相違といった問題は極力避け、もっぱら歴史学者の史料の扱い方の間違いや誤読といった白黒のはっきりする問題に絞って検討を加えていく。

なお、本書でする批判はすでに、その多くを筆者の前著三冊のどれかで取り上げている。その際、反論や批判を求めたが、残念ながらこれまで、ほとんど応じてもらっていない。部外者の言うことなど、あまり相手にできないといったところなのかもしれない。どの専門分野でも一般にそうである。

ともあれ、再度ということもあって、ここではやや単刀直入に論じさせていただく。先達に対して無礼な言い方になっているところもあるが、ご寛恕いただきたい。

# かたられる西郷隆盛

―歴史学者は〝大丈夫〟か―

目次

## 凡例

一、西郷隆盛の書簡等、当時の候文の史料からの引用については、原文のままでは読みにくいので、現代文に近づけて読みやすくしている。『西郷隆盛伝』や『岩倉公実記』など二次史料からの引用についても、読みにくいものについては同様の処置を取っている。

二、本文中にある（）の括弧書きは、筆者が注釈として記入したものである。また、（）内に数字の入った表記は、その前にある著作あるいは論文の発刊年を指す。それらのため、引用文中でその原典の著者が（）書きをしているものは、すべて〔〕に置き換えている。すなわち、引用文中の〔〕書きは、原著者の（）書きである。

三、引用文書の出典等ならびに筆者による注釈は本文に注番号を付し、各章末にまとめて注記する。なお、西郷の書簡については、ほぼ全部を『西郷隆盛全集』所収のものを原本にしており、個々には出典を付記していない。また、日記についても、日付等で引用箇所等がわかるので同様とする。

四、筆者（川道麟太郎）による三冊の前著は、『西郷「征韓論」の真相―歴史家の虚構をただす―』、勉誠出版、二〇一四年（前著Aと呼ぶ）、『「征韓論」政変の真相―歴史家の史料批判を問う―』、勉誠出版、二〇一五年（前著Bと呼ぶ）、『西郷隆盛―手紙で読むその実像―』、ちくま新書、二〇一七年（前著Cと呼ぶ）である。

五、歴史学者の論考に関する批判の論点は左記の六点である。前の三点は史料の扱い方に関するもので、後の三点は立論の仕方に関するものである。

1 史料および不都合史料の無視　2 史料の誤読・曲解　3 史料批判の薄弱と非実在史料の使用
4 従前説の踏襲　5 一次史料と二次史料のないまぜ　6 仮説の安易な自説化と新説志向

# 第一章　大家たちの論説

まずは、戦後の日本近代史とりわけ幕末維新史をリードした歴史学者たちが、史料をどのように使って西郷隆盛を語っているのか、その一端を見ておこう。戦後、斯界（しかい）の重鎮として活躍した遠山茂樹氏と井上清氏、そしてその次の世代に当たる毛利敏彦氏そして現・東京大学名誉教授の坂野（ばんの）潤治氏の四氏の論説を取り上げる。なお、以下、歴史学者を史学者と呼ぶ。尊称、敬語等は省かせていただく。

## 一　遠山茂樹と井上清

遠山と井上とは同年齢（一九一四年二月生れと一三年十二月生れ）で、ともに東京帝国大学文学部国史学科に入学して羽仁五郎の影響のもと「歴史学研究会」に所属し、戦後の日本近代政治史をその学問と実践の両面でリードした。「歴史学研究会」の綱領には、「科学的な歴史学の伝統をきずきあげようとする」とある。

この二人は、一九五一年には競い合うように『明治維新』を上梓している。宮地正人はその五〇年後の二〇〇一年に両書、遠山の『明治維新』と井上の『日本現代史I　明治維新』を論評して、「読み比べながら、どこに論点があるのかを、たえず確認する、『座右の書』的性格」を持つと言い、また中村哲がそれら二書について、「『明治維新の歴史叙述としてはね、やはり現在でも最高で、総合的歴史叙述としてはこの遠山さんと井上さんのものにおよぶものは現在でていない。』（一九六九年発刊『シンポジウム日本歴史15　明治維新』）」[1]と話しているのを紹介している。

さて、遠山は「征韓論」に関して次のように言う。

「征韓論の特質を、その中心たる西郷派の言論に探るに、第一には、幕末攘夷論そのままの対外侵略＝海外雄飛論であったということである。わが国の現状は、国力衰残、兵備空虚、…、このまま因循推移せば、外国の隷属となるや、明白である。…。

今日仏・普・露の諸国が力を中国・朝鮮・満州に及ぼす暇（いとま）なきに乗じ、これを略取し、もって『欧亜各国に侵入するの基（もとい）を立つべし』というのであった。幕末の場合でもこれほどの露骨な侵略論はない。」[2]

遠山はここで「征韓論の特質を」、「西郷派の言論」に見ているのだが、遠山はそれをもっぱら黒竜会編『西南記伝』上巻一（一九〇九）の「西郷隆盛の征韓論」の章にある「桐野利秋談」を参照および引用して右のように言う。

井上清もまた『西郷隆盛』下巻（一九七〇）で、明治六年十月十四日のいわゆる「征韓論争」の閣議で西郷は、

『今幸いに朝鮮の我に無礼を加うるあり、斯の機会失うべからず』、すみやかに海外に兵を構える策をたて、『朝鮮満州の地方を侵略すべし』と主張したと、西郷の一のこぶんである桐野利秋が、明治八年（一八七五）石川県士族石川九郎らに語っている（『西南記伝』上巻一、附録）。文字通りには信じ難いが、岩倉が樺太保護論を以て征韓に反対したのは事実であり、西郷の反論も趣旨は桐野の談話のようであろう。」[3]

と言う。

井上は桐野が、西郷は「すみやかに海外に兵を構える策をたて、『朝鮮満州の地方を侵略すべし』と主張したと」語ったと言うが、実際には、西郷自身はそんなことは語っていない。むしろ逆で、西郷は兵をすぐに朝鮮に送ってはいけない、まずは自分が朝鮮遣使に立つと主張している。それが西郷の朝鮮遣使論（「遣韓論」）であり、そのことは、西郷が書いた一連の一次史料を読めば明白である。

遠山や井上がもとにしている『西南記伝』上巻一は、「桐野利秋談」について、

「桐野利秋は、往々、誇張自負に過ぎて、漫（みだり）に信ずべからずものあれど、西郷の本領および志

望を知るにおいて、唯一の津梁（頼り）たれば、左にその要を掲げるべし。」

として、桐野の弁を、

「今や英・仏・普・露の如き、あい持して未だ力を支邦・朝鮮・満州の間に及ぼすに暇あらず。この時において我が日本よろしくその間に乗じ、支邦・朝鮮・満州の間に跋渉し、これを略取して、もって欧亜各国に侵入するの基を立てるべし。」

や、

「朝鮮使命の事、西郷参議ならびに野生（自分）、赤心これを担当して身を朝廷に致し、命を彼の土に殞し、もって我が日本国のため後来の一大良策を起こさんと企望せしなり。」

などと掲げ、最後には、

「また以て、対外進取、大陸経営は西郷の一大抱負たるを知るべし。」[4]

と結論する。

いずれでも、「桐野利秋談」をそれほど信じるに足るものではないとしながらも、結局はそれをもって、西郷の考えを代弁させている。実は、こういった論じ方にこそ、西郷の「征韓論」を言う論者の特徴があり、そこに本質的な問題がある。

実際のところ、西郷が直接的に征韓論を主張したり、「征韓」という言葉を使ったりした史料は一つとして見出せない。したがって、西郷を征韓論者とする史学者も誰一人として、西郷自身が征韓を主張したと言える史料を示してはいないのである。西郷の「武政論」や「征韓論」を論じるのに、下で見るように、鳥尾小弥太の回顧録が盛んに援用されるのも、事情はまったく同じである。

それにしても、黒龍会編纂の『西南記伝』は別にして、科学や実証性を標榜する史学者たちが「桐野利秋談」をもって、「西郷派」や西郷の「征韓論」を代弁させるとは、いったいどういうことであろうか。この種の「談」や「実話」なるものは、あまねく各所に多くのこっていて、史家もよくそれらを使うが、その信憑性は何とも言い難い。

そしてまた、仮に桐野の話が「実話」であったとしても、桐野のそれをもって「西郷派」、いわんや西郷自身の「征韓論」を代弁させるわけにはいかない。西郷の言動はもとより複雑である。もともと自分の考えを、こと細かに部下に説明するような性質（たち）ではないし、また、西郷は部下や周りの者にも、ポーズを取ったりカモフラージュしたりすることがよくある。

宮地正人は先に引いた二〇〇一年の論説で「遠山維新史」を論評し、

「第一に、それは、始めてのマルクス主義の立場に立った起承転結のある政治史であり、…。

第二に遠山の主張の根拠は、一つ一つ正確に、原典をふまえて示されていた。この面では、正に実証史学の王道を踏んでいるのであり、それは文部省維新史料編纂事務局・東大史料編纂所勤務〔井上と同じく四二年一月退職〕というアカデミックな経歴とともに、…。」[5]

と言う。

遠山の論考には実際、各所で豊富な注が付せられ、確かに、史料に精通し造詣の深さを示している。しかし、前述のように、引用の原典が怪しげなものであっては、無論、「実証史学の王道を踏んでいる」などとは言えない。元来、史料批判は原典の確かさを検討するためにこそある。
実証や史料に厳しいはずの宮地の評論としては、いささか腑に落ちない。やはり、偉大な先輩への心配りなのだろうか。あるいは、ともに「東大史料編纂所勤務というアカデミズム」の牙城に属した者の自負なのだろうか。

井上は『日本現代史Ⅰ　明治維新』（一九五一）で、西郷が明治四年に中央政府に出仕して、そこでしようとしたことについて、鳥尾小弥太が「明治六年春夏の交」西郷に会って話したとする回顧談を援用して、

「（明治二、三年のころ）薩摩で行ったと同じ士族の軍事独裁、いわゆる（鳥尾の言う）『武政』を全国に行うことであった。」[6]

と言う。ただし、井上はその「武政」に注を付して、

「この話は鳥尾のずっと後年の回顧談であり、部分的には鳥尾の思いちがいやほらもあるかもしれぬが、西郷が大体においてこんなことを考えていたことはうたがいない。」

と注釈を入れている。
ところが、井上はこの鳥尾の話が気に入っているらしく、『日本の軍国主義』Ⅱ（一九五三）で同様の論を展開し、また『西郷隆盛』下（一九七〇）でも、

「（鳥尾は）西郷はこの（自分の）説に『一々同意』したというが、細目はともかく、このような考え方は西郷には一貫していることで、明治二～三年に鹿児島藩で彼が実行したことも、征韓

論に破れて下野後の西郷軍閥の鹿児島支配も、鳥尾の武政論と共通するものがあった。彼（西郷）が鳥尾に同意したというのは本当であろう。」[7]

と言う。

この井上に先行して、同じ唯物史観の史学者・原平三が、戦前の昭和十一年（一九三六）にやはり、鳥尾の「明治二四年に記された鳥尾小弥太の『時事談』中の回顧録」の全文を引用して、「以上のことは、これを客観的にどこまで真実であったかを私は未だに証し得ないが、」[8]

としながらも、これを使って多くを論じている。

井上にしろ、この原にしろ、鳥尾の回顧談を史料としては右のように評価しながらも、結局は、それを使ってほぼ結論と言えるものを引き出している。鳥尾は後年には多くの回顧談をのこしているが、右の西郷が自分の話に「一々同意」したという話も、西郷の死後、十八年前のことを回顧して鳥尾自身が語っているもので、どれほどの信憑性があるのか、はなはだ心もとない。

井上のこの西郷武政論者説も、先の「桐野利秋談」による遠山や井上による西郷征韓論者説も、史料の評価や扱い方はまったく同じである。自ら必ずしも確かではないとしつつ、二次とも三次ともつかない史料を強引に援用するやり方である。これも一種の「史料に語らせる」態度と言えるのかもしれないが、史料に信頼性がなければ何にもならない。とても、科学的とか実証的とかとは言えまい。むしろ、史料を騙り、西郷を騙っている可能性がある。

井上の『西郷隆盛』は史学者が書いた西郷本のなかでも最もよく読まれたものの一つであろうが、そこでは西郷も、人民の側に立って「歴史の進歩に」沿ったときや「民族主義的に成長しつつある」ときはほめてもらえるが、逆に、「歴史にすっかり立ちおくれた」ときや「歴史に完全に追い越され」ときは「歴史に敗れた」人物として批判される。

そこで言われる「歴史」とはいったい何なのか。井上がマルクス主義史観や唯物史観と呼ばれるものに則って描いた、何か一つの方向に向かって進んでいくような歴史観のようであるが、そのようなもとでは、史料にもとづいて客観的に歴史を語るといったことは、そもそも無理なのではないか。

次に、遠山と井上が従前説を無批判に踏襲している説に、さらに後続の史学者たちが追随している事例を一つずつ取り上げておこう。

遠山（一九六四）は、大久保利通が留守政府（明治四年十一月に岩倉使節団が出て行った後の本国政府のこと）からの要請に応じて米欧回覧から一足先に明治六年五月二六日に帰国したころのことを次のように書いている。

「（大久保が）帰って見ると、予期以上に政局は危機にあった。参議後藤象二郎・江藤新平らと、大久保の留守をあずかる大蔵大輔井上馨との対立は井上の辞職となり、他方西郷らは征韓論を実施する計画を着々すすめていた。」[9]

こういった遠山の見解は、『西南記伝』（一九〇九）が、

「西郷は、征韓論は、平生の宿論なるに、…。対韓問題の実行的準備に向かって着々、その歩を進め、終に政府をして遣韓大使を派遣するの議を決するに至らしめたるものは、西郷の力なりと言わざるべからず。」[10]

とし、また、勝田孫弥が『大久保利通伝』（一九一一）で大久保が帰国したころの西郷と大久保の関係について、

「初め、利通が欧州より帰着するや、西郷は利通の邸に到ること頻繁にして、交情の親厚なること従前と毫も異なるところはなかった。しかるに、時日を経過するに従い、次第にその度数を減らしたと言う。けだし、西郷は、利通の胸中に到底征韓論を賛成する意思ないことを覚り、早晩政見の衝突あることを予知し、心中豁然とするものがなかったからであろう。」[11]

とするものを引き継ぐものである。

そして、さらに近年でも同様にこれらを引き継いで、小西四郎は編著『現代日本記録全集3』（一九七〇）で、

「岩倉大使の帰国に先立って、大久保は明治六年五月、木戸は同年七月に帰国した。それは、『留守政府』が、征韓論派によって占められ、何時軍事行動を起こすかも知れないという懸念があったからである。」[12]

とし、また、田中彰は『明治維新と天皇制』（一九九二）で、

「大久保は一八七三年（明治六）五月二六日、木戸は七月二三日帰国した。ときに留守政府はいわゆる『征韓』論でわき返っていた。」[13]

と言う。

さて、大久保が帰国した五月末のころ、ほんとうに、「西郷らは征韓論を実施する計画を着々すすめていた」り、「留守政府はいわゆる『征韓』論でわき返っていた」りしたのだろうか。大久保が帰国したころの西郷の様子を見ておこう。

西郷自身が廟堂の閣議で自らの朝鮮遣使を発議した時期については、『岩倉公実記』など一般に、日を特定せずに六年六月などとしていたが、どういうわけか、昭和の初めに刊行された『大西郷全集』第二巻（一九二七）が、突然、明確な根拠を示すことなく、次のように書いて、その日を六年六月十二日と特定する。

「政府は六月十二日閣議を開いて善後策を議したが、参議板垣退助等の意見は直ちに出兵して強硬談判に及ぶべしというにあった。しかし隆盛はこれを不可とし、先ず使節を派し、正理公道をもって韓国政府を説き、それでもなお反省しないで我が大使を殺害するに至ったならば、…、これを討つのがよいと主張した。」[14]

ところが、『大西郷全集』がこのように書くと、『西郷隆盛全集』第三巻（一九七八）もそれに追随して、西郷の板垣宛七月二九日付書簡の解説で、

「政府は六月十二日に閣議を開いてこれを協議したが、参議板垣などは武力を背景に厳重談判に及ぶべしというにあった。しかし参議西郷はこれに異論をとなえ、…。そして全権使節には

自ら就任したいと申し出たのである。」[15]とする。

こうなってしまうと、史学者もそれを既定の事実のように見るらしく、たとえば松尾正人（二〇〇七）は、

「留守政府の参議西郷隆盛は、六月十二日の政府会議で、『公然の使者』を送って理非曲直をただすべきと論じた。」[16]

と言う。根拠があるわけでもないのに、斯界では、著名な歴史書や史料集の解説が一致したことを言うと、史学者もそれに追随して、そのうちに、自然に通説のようになっていくようである。

しかし実際には、こういった説が根も葉もない虚説であることは、以前からあった史料からわりあい簡単に立証できる。

西郷は大久保が帰国したころ、「征韓論を実施する計画を着々すすめていた」どころか、引退して鹿児島に帰ると言っていたことが、次の二つの一次史料からはっきりする。一つは勝海舟の六年初夏の日記で、関連する部分のみを引き出すと次のようである。

五月三十一日　出省。吉井氏へ行く。大久保殿に面会、種々内話。西郷氏の事、頼まれる。
六月四日　大久保大蔵卿へ行く。西郷氏の事、内談。吉井氏へも同断。
六月六日　大久保一翁、西郷氏の事、内話。
六月七日　参朝。（中略）西郷氏進退の事等、条公（三条）へ内言上。

勝は、大久保が帰国して五日目の五月三一日に吉井友実宅で大久保に会い、そこで二人から「西郷氏の事」を頼まれている。その内容は六月七日の日記に「西郷氏進退の事」を三条に「内言上」したとあるから、「西郷氏の事」というのは西郷の進退に関係することであったと推定できる。おそらく、宮内少輔の吉井が以前に西郷から「進退」の意向を聞いていたのであろう。

さらに、大久保一翁の明治六年六月三日付勝宛の次の書簡から、西郷が職を退いて帰郷したい旨を申し出ていたことがはっきりする。一翁は徳川幕府以来の勝の先輩格に当たる盟友で、一翁も西郷や大久保と以前から親交があり、明治五年の春に勝とともに明治政府に出仕して東京府知事に就いていた。

「頃日（過日）ご来向、ご内談のあった件、今日より出庁につき、出がけに西郷殿に寄って、ご退去のご趣向がある由ですが、右は何故か甚だ理解しかねますと申し述べ、朝廷にご不都合があるわけでもなく、島津家の為にもならず、かつ、勝や愚輩など甚だ当惑につき、平々お止めの嘆願を出していると申し述べたところ、（西郷氏は）言われるようなことではなく、ただただ近時、病身にあい成って勤めが覚束なく心配と申されたので、（私は）この辺でのご保養はご随意であっても、鹿児島へおもどりなるというのは甚だ宜しくありませんと、その訳を一二申し述べました。かつまた、大久保殿にも深くご心配されている旨を勝より承っていると申したところ、同人等心配してくれるについては大いに都合宜しいと真に悦んでおられる様子でし

た。（中略）

なお、一両日中にまかり出て、西郷殿の様子は委しく申し上げます。」[17]

この冒頭に「頃日ご来向、ご内談のあった件」とあり、また、末尾には「一両日中にまかり出て、西郷殿の様子は委しく申し上げます」とあるが、この末尾にある「まかり出」るというのが、勝の日記の六月六日に「大久保一翁、西郷氏の事、内話」とあるのに符合する。

つまり、勝は五月三一日に大久保・吉井から「西郷氏の事」を頼まれてすぐに一翁を訪ねてその件で相談をし、一翁が六月三日に西郷を訪ねて西郷の考えを聞き、即日に勝に右の書簡を送って、その三日後の六日に勝を訪ねて直接「内話」したことになる。

この書簡から、西郷の「退去のご趣向」が周辺に伝わっていたことがわかる。また、この「退去」というのは、右の一翁の書簡中に「鹿児島へおもどりなるというのは甚だ宜しくありません」とあることからして、西郷が職を辞して鹿児島にもどろうとしていることを指すことになる。

さらに、二次史料になるが、後の明治二六年に勝が寺師宗徳の聴取に応じて、

「岩倉遣米欧使節団の時には仕方なく留守を守るが、使節団が帰国したら西郷も帰郷するという約束だった。」[18]

と語っていることからも、そのことがわかる。ただし、西郷は一翁に対しては「退去」の理由を「病身にあい成って」と語っている。

実際、西郷がこのころ「病身」であったことは、西郷が鹿児島にいる叔父の椎原與右衛門に六月

二九日付の書簡で、

「五月初めよりまたまた持病が起こり、…、もうは不治の症とあきらめていたところ、図らずも当月六日、主上より侍医並びにドイツ医師ホフマンと申す者お遣わしになり、…」

などと書いているのや、篠原国幹宛の六月二八日付の書簡で、

「小弟長々引入り何とも申し訳なく思っている仕合です。」

などと書いていることから確かである。

これらから、大久保が帰国したころ、西郷は体調を崩して外出もままならなかったことがわかる。そんなころに、勝田孫弥が言うように、「利通が欧州より帰着するや、西郷は利通の邸に到ること頻繁にして」というようなことはまずない。

また勝田は、大久保が帰国したころ西郷が征韓論を唱えていたことを前提にして、「西郷は、利通の胸中に到底征韓論に賛成する意思ないことを覚り」云々と書いているが、これもまた、勝田の作り話になる。健康を損ね、さらに退去の意向を三条らに伝えているなかで、西郷が閣議で自身の朝鮮遣使を唱えたりするはずがない。

遠山が「(大久保が)帰って見ると、…、他方西郷らは征韓論を実施する計画を着々すすめていた」と言うのや、後続の史学者が「ときに留守政府はいわゆる『征韓』論でわき返っていた」などと言うのはみな、史学者が従前説を踏襲して創り出した虚構ということになる。

次に、井上清が従前説を無批判に踏襲し、さらに後続の史学者がそれに同調している事例を取り

上げておく。井上（一九七〇）は留守政府が八月十七日の閣議で決めた西郷朝鮮遣使の決定について、
「一八日、三条大臣は箱根に行き、避暑中の天皇に、一七日の閣議の決定を報告して裁可を得た。ただし発令は岩倉大使の帰国後とした。三条はすぐに東京に帰り、西郷を自邸に招いて裁可を得たことを伝えた。そのときの西郷のよろこびようは、板垣への一九日の手紙に躍動している。」[19]
とし、その喜びのわけについて、
「これはあきらかに、西郷遣韓のことが天皇の裁可をえたことをものがたっている。どんな『横棒』（板垣宛への書簡に出てくる言葉）も天皇にはかなうまいというわけだ。」[20]
と言う。
こういったとらえ方は、これより先に『西南記伝』（一九〇九）が、
「三条首相、自ら箱根に赴きて、…。三条首相、帰りて西郷を招き、勅旨を伝え、後命を待つ所あらしめた。西郷は、閣議一定、宿志のようやく貫徹せんとするを喜び、勇躍禁ずることあたわず。書を（十九日）板垣に寄せて、その尽力を謝せり。」[21]
としているのを踏襲したものである。
この『西南記伝』の説は、井上（一九七〇）のあとも、『西郷隆盛全集』第五巻（一九七九）が三条実美の六年九月一日付の「西郷参議」宛書簡の解説で、
「三条太政大臣は箱根行在所の明治天皇に伺候し、閣議の結果を奏上した。天皇はこれに対し、『尚岩倉の帰朝後、之と熟議して奏上せよ』と仰せ出されたという。三条は十八日に帰京し、

西郷を招いてこのことを伝えた。このときの心境については、(十九日付)板垣宛書簡を参照されたい。」[22]

としているのに引き継がれ、また近年では、猪飼隆明(一九九二)が、

「三条は翌一八日〔あるいは一九日か〕、箱根の行在所で閣議の次第を上奏したが、岩倉使節団の帰朝を待って、熟議の上、再上奏すべきだということになった。この決定を得て西郷は、『…横棒の憂いもこれあるまじく、生涯の愉快このことに御座候』と、喜びと感謝の念を板垣に伝えている。」[23]

と言うのに引き継がれている。

しかし、こういった説は、明治六年当時の交通・通信事情を少し考えれば、成り立たないことがすぐにわかる。八月十七日の閣議決定を、三条がこのとき箱根にいた天皇に上奏して、その結果を十八日に東京に戻って西郷に知らせるなどといったことは土台無理な話である。

明治六年に東京と箱根を結ぶ電信・電話はない。交通機関では、前年の明治五年に新橋―横浜間に日本で最初の鉄道が開通していたが、それ以外に鉄道はなく、無論、自動車もない。六年当時、東京から箱根へ行くのに、新橋―横浜間で鉄道を使うことができても、それ以外は三条が早く行こうとしても馬車を走らすほかはない。三条が十七日の閣議を済ませたあと、箱根へ行って十八日には東京に戻ってくるなどといったことは、もとよりできることではない。

それに史学者なら、史料を少し調べれば、三条はそんな行動を取っていないことがいくつかの史料でわかる。まず、三条が箱根に行ったことは、一九六九年に刊行された『明治天皇紀』第三巻の

六年八月十九日の条に、

「十九日、太政大臣三条実美、公暇を得たるをもって箱根底倉温泉場に到り、じきに天機（天皇のご機嫌）を宮ノ下行在所（あんざいしょ）に奉伺す。実美、二三日まで底倉に滞在し、日々参謁す。その際、閣議において決せる朝鮮国遣使の件につきて聖断を仰ぐ。」[24]

とあることからわかる。

『西南記伝』（一九〇九）の編者はこれを見ることはできなかったが、井上（一九七〇）以降の著者はみなこれを読むことができた。

また、一九三三年に発刊された『木戸孝允日記』第二巻の八月十八日の条には、

「三条公より書状到来。今日ハーソン・タイモント等を招いた約あるによって断りに及んだ。」

とあり、三条がこの日、木戸に面会を求めたことがわかる。また、三条は八月十八日付大隈宛書簡で、

「大蔵省に出勤の都合もあるので、強いて入来に及びません。」[25]

とも書いており、この書簡でも、三条が十八日中はまだ東京にいたことがわかる。これらの史料からしても、右で井上らが、西郷が三条から箱根での上奏結果を聞いて喜んだとしているのは、みな虚偽である。

また、猪飼は「再上奏すべきだということになった。この決定を得て西郷は…喜びと感謝の念を板垣に伝えている」と言うが、西郷が上奏の結果が「再上奏」であったと聞いて、「もうは横棒の憂いもこれあるまじく、生涯の愉快このこと」などと、どうして喜んだりできるのだろうか。

最後に、遠山と井上が明治六年十月下野後の西郷について、同様の論説をしているのを取り上げておこう。

遠山は『明治維新』（一九五一）で明治六年に下野して帰郷したあとの西郷について、

「(鹿児島は) 独立国たる観を呈していた。この西郷王国を、時流から隔絶させて持ち耐えるのが、西郷の精一杯の努力であった。…。

もはや西郷も、薩摩士族の勢力を提げて、中央政府の針路を動かそうとはしない。ただ彼のひたすら願うところは、薩隅の一角に、己の最後の安住地を残したいという消極的なものであった。」[26]

と言う。

西郷の気持ちが「薩隅の一角に、己の最後の安住地を残したいという消極的なものであった」というようなことはまったくない。[27] 西郷が帰郷後、詩歌を詠んで楽しみ、温泉地に逗留して温泉や狩猟を楽しんだのは事実であるが、それらには、世間の耳目を逸らす意味合いもあった。突然の政府の大分裂と西郷の帰郷は世間を驚かせ、鹿児島にもどった西郷のそれこそ一挙手一投足に世間の耳目が集まるようになっていたからだ。

井上清もまた遠山と同様の見解を述べている。『西郷隆盛』下巻（一九七〇）で井上は、

「西郷は帰国して武村の邸に落ち着いた。彼は本当にくつろいだ。」

そして、数々の詩をつくったとし、井上はその一つを解釈して、

「自分は征韓論に敗れたが自分の方が正しいことは後世必ずわかろうというが、ここにも政府を怨むとか再挙を期すとかという気持ちはない。むしろ歴史の審判の正しさを信ずる落ちついた心境である。…。川口雪蓬を相談相手として詩をつくり揮毫の筆をふるい、悠々自適した。」[28]

と言う。

「彼はほんとうにくつろいだ」や「悠々自適した」という面もあるにはあったが、無論、西郷がそれらにひたっていたわけではない。自分に追従して、多くの者たちが官職を擲(なげう)って帰郷してきているのを知りながら、西郷がどうして一人「悠々自適」したりできようか。

井上は、西郷が下野せざるを得なくなったことについて、「むしろ歴史の審判の正しさを信ずる心境」であったと言うが、それなどはまさしく、井上の信じる歴史観から発するところの妄説であろう。西郷は、閣議で自身の朝鮮派遣即行を勝ち取りながら、つまりは、いわゆる世に言う「征韓論争」に(負けたのではなく)勝ちながら、三条の土壇場での卒倒とその後の大久保・岩倉らの宮廷操作によって敗北したのである。西郷が満腔の憤懣を抱えて下野したのは疑う余地がない。

また井上は、

「下野後の西郷は民衆の動向を見つめることは全然ないので、彼が挙兵の機会を見出そうとしていたとは、とうてい考えられない。彼は多くの詩にあらわしている通り、静かに暮らしたかったのである。」[29]

と言う。これまた、井上らしい見方だ。西郷が「挙兵の機会を見出そうとしていた」かどうかはわからないが、「挙兵」と「民衆の動向」を見ることとが、いつも結びつくわけではない。現に、西郷下野後に起きた佐賀の乱も、明治九年に連鎖した熊本の神風連（しんぷうれん）の乱や秋月の乱、萩の乱も、どれも別段「民衆の動向」とは何の関係もない。基本的に士族の反乱である。

西郷は郷里に戻って詩情をそそられたようで、このころ多くの詩をつくっている。しかし、詩はいつも現実の心境や情況を詠っているとは限らない。願望や理想を詠っていることもある。

詩歌よりはむしろ、西郷が帰郷後に書いたいくつかの書簡を読めば、西郷が井上の言うように「悠々自適した」とか「静かに暮らしたかった」などの気分ではなかったことはすぐにわかる。

明治七年九月に大久保利通が全権大使になり、開戦も辞さずの覚悟で清国に渡ったときには、西郷は篠原国幹宛の書簡で、

「柳原（前光・駐清公使）は最初から引き受けの人で、…。破談（交渉がまとまらず戦争）になる気づかいはないと考えます。それゆえ、大久保も出立したのでしょう。（中略）

今、二三大隊を送り、十分に兵威を厳重にすべきところ、かえって金談を言い掛けては兵威をまったく減じ、勝ちを人に譲ったようなものです。和魂（講和論、和睦根性）の奴原（やっぱら）（大久保や柳原を指す）にどうして戦闘の事機を知れたりするものかと考えます。かか大笑い。…。」

と書き、また、八年九月に朝鮮で江華島事件が起きたときには、

「樺太一件のことで露国の歓心を得て、樺太の紛議を拒まんが（国内での騒擾を抑える）ために事（江華島事件）を起こしたのかもしれず、あるいは、政府がすでに瓦解の勢いで、なすべき術策も尽き果てたために、早くこの戦場を開き、内にある憤怒を惑わそうとしたものか、いずれにせよ術策上から出たものと考えます。…。」

と書き、どちらの書簡でも、政府への不満と反感をあらわにしている。

また、明治九年三月に内田政風に送った書簡では、

「畢竟、私ども素志においては、ただ国難に倒れるのみの覚悟にございますれば、別に思慮これなく、もちろん退去の節、今日の弊害を醸し来ることは見据えていたことで、今さら驚くべき、嘆くべき次第ではありません。」

と書いている。ここで言う「退去の節」は明治六年の帰郷のときを指す。

それに、西郷らが帰郷後、その翌七年につくった私学校の「祭文」では、

「学校は善士を育する所以なり、ただ一郷一国の善士たるのみならず、天下の善士たらんと欲す、それ戊辰の役に名を正し義を踏み、血戦奮闘して斃（たお）れた者は、天下の善士であったからなり。」[30]

と謳っている。私学校は、いざというときには「血戦奮闘して斃れ」ることのできる「天下の善士」を育成するところだと宣言しているのである。

これらはいずれも、西郷が「悠々自適した」や「静かに暮らしたかった」などに相反する史料である。いずれも一次史料であるが、井上はそれらをすべて黙止あるいは無視している。

西郷の心中は、遠山が「薩隅の一角に、己の最後の安住地」云々と言うのとも、井上が「悠々自適」云々と言うのとも違っていた。むしろ、それらとは逆で、西郷は帰郷後最初から最後まで、つまりは明治六年十月に政府への満腔の憤懣を持って下野して以来、十年九月に城山で死ぬまで、その間、もちろん温泉につかり大好きな狩猟を楽しみもしたが、日本の行く末を案じ中央政府への反

感を持ち続けていたと言って過言ではない。

遠山茂樹と井上清は無論、それぞれに別の人格と個性を持つ史学者である。それが、上述のように、歴史に対する態度や方法、そしてその言説において、まるで瓜二つのようである。本章で二人をまとめて取り上げた所以(ゆえん)でもある。

それにしても、どうして二人はかくも同じように、歴史を正確に捉えることをしないのだろうか。その第一の原因は、やはり、自分たちの描く歴史の筋書きのもとに、史料を選択的に採り出し、かつ、それらを都合よく読み取る習性を持っているからではないか。歴史観を同じくして描く歴史の筋書きが同じで、かつ、習性も同じであれば、おのずから、それの見方や語り口も同じになろう。

しかし、ここで批判した事例はいずれも、史観の相違や史料解釈の相違といった問題に解消されるものではない。すべて、史料の扱い方や史料の誤読や無視といった、歴史学上の初歩的な事項に関する事柄である。遠山と井上の二人が、戦後の歴史学とその後継者に及ぼした影響が大きかったとすれば、それは歴史学の実践的活動や思想においてであって、歴史学を科学的にするといった学問上の事柄においてではない。歴史学そのものについては、むしろ、悪弊をのこしたのではないか。

## 二　毛利敏彦

昭和五〇年代になると、長く定説のようになっていた西郷征韓論者説に疑問が投げ掛けられるようになる。毛利敏彦は昭和五三年に『明治六年政変の研究』（一九七八）を上梓して、そのなかで西郷征韓説を否定し、それに代わって平和的交渉説を唱える。西郷は征韓のためにではなく、日朝間の国交回復のために朝鮮に渡ろうとしたと言うのである。以前のものにくらべると、まるで「戦争と平和」のごとくに違う、百八十度転回の新説を唱えたのである。

毛利はその著書の全体を通じて、史学者たちの史料の扱い方に厳しい批判を浴びせている。その「はしがき」でまず、

「明治六年政変の研究の多くは、解釈が先行し実証が追いついていないのである。したがって、解釈に合わせて史料を恣意的に適用するという非学問的顛倒現象が、往々にして再生産されているといって過言ではない。」[31]

とし、本文でも、

「重要な史料を見落としたり、歪曲したり、誤読や曲解したまま『結論』を急いでいる場合が少なくないし、…。極端な場合には、史料を分析して結論を導きだすのではなくて、あらかじめ作られた結論に合わせて史料をあてはめたのではないかと疑いたくなるものもある。」[32]

などと述べ、「結論」でも、

「以上、明治六年の政変について、通説や先入観に捉われることなく、…。史料批判に心がけ

たのはいうまでもない。（中略）

通説つまり固定観念に捉われた眼には、ありふれた史料に現れている真実を読みとれないのであろうか。率直にいえば、通説には、自説に都合のよい史料を過大視し、都合の悪い史料を無視ないし軽視している傾向がみられる。それは、学問的に公正な態度であるとはいい難い。」[33]

と言う。前節で述べた筆者の批判の論点が、四〇年前のここでも明確に述べられている。

こういったなかで、先に取り上げた遠山茂樹や井上清も当然、批判の対象になる。ここでは、その二人の先輩格に当たる、前節でも取り上げた原平三に対する毛利の批判を取り上げておこう。毛利は、原がする鳥尾小弥太の回顧談の援用について、

「間接史料に過ぎない鳥尾の回顧談をほとんど唯一の史料として、西郷の『封建性』『武断政治』を勇敢に『実証』した。これは、史学の初歩的手続きを無視した牽強付会の議論である。しかしこれ以後、鳥尾の回顧談を用いて西郷の封建性を『論証』することが学界の一部で流行するようになった。」[34]

と言う。これまた、筆者が先に批判したことに見事に先んじている。

さて、それでは、その毛利自身はどうであろうか。ここでは毛利が、

「西郷は（六年十月）一五日の閣議に出席せず、代りにこれまでの経過をまとめた始末書を太政大臣あてに提出した。この始末書の内容は、朝鮮使節問題に関する西郷の正式かつ最終的な見解とでもいうべき重要なものである。」[35]

と述べる、その「始末書」という史料の毛利の扱い方を見ていく。

毛利は右記に続いて、「始末書」の全文を掲載しているのであるが、それは、実は、毛利が「一五日の閣議に出席せず、…太政大臣あてに提出した」と言う十月十五日付のものではなく、西郷自筆の文書として今日にのこっている十月十七日付のものである。

毛利はそのようにしたことについて、右記の文章の「経過をまとめた始末書」のところに注を付し、その注釈で『大西郷全集』第二巻の解説を引用して次のように書いている。

「同全集での（毛利が「始末書」と呼ぶものの）日付は、一〇月一七日となっているが、同全集解説に、

『十五日の閣議にこの書を提出したということは西郷隆盛伝（勝田孫弥著）その他の諸書に見えている。この書を通読してみても閣議決定前のものであることは明らかである。されば最初十五日の閣議に出したものであることは事実であろうと思う。…けだし、隆盛は十七日になってさらに数通清書して三条公その他に贈ったものであろう。編者は隆盛自身のこの書をこれまで三通みた』（七九二―九三頁）

とある。ちなみに、日本史籍協会叢書『西郷隆盛文書』所収のものは『十月十五日』付であり、『三条太政大臣殿閣下』と宛書がある（一〇四―五頁）。」[36]

つまり、毛利は『大西郷全集』の解説の記述をそのままに信用して、西郷が十五日の閣議に提出

したものと、西郷の真筆としてのこっている十七日付のものは同じものだとして、十五日の閣議に提出したものの代わりに十月十七日付のものを代用しているのである。

なお、右で「西郷隆盛伝〔勝田孫弥著〕その他の諸書に見えている」とある「諸書」というのは、煙山専太郎の『征韓論実相』（一九〇七）[37]などを指すが、それらはいずれも、勝田の『西郷隆盛伝』に掲載されているものを使っており、出どころは同じである。

ところが、実際には、十七日付のものと「西郷隆盛伝〔勝田孫弥著〕その他の諸書に見えている」十五日付の「始末書」とは同じではない。全体の文章の流れは同じであるが、文言はかなりの箇所で違い、そのうちの次の箇所では、文章の意味合いも違う。

西郷直筆の十七日付では、

「是非、交誼を厚く成されるご趣意を貫徹致すようこれありたく、その上で、暴挙の時機に至って、初めて彼の曲事を分明に天下に鳴らし、その罪を問うべき訳でございます。」

となっているところが、勝田孫弥が掲載している十五日付では、

「ますます交誼を厚く尽くされるご趣意を貫徹するようあられたく、その上、暴挙の時機に至ったならば、彼の曲事も判然致すにつき、その罪を天下に鳴らして征討致すべき訳でございます。」[38]

となっている。

これでは、同じとは言えまい。十七日付では「その罪を問うべき訳でございます」となっているところが、十五日付では「征討致すべき訳でございます」になっている。「罪を問う」問い方には

いろいろあるはずだから、そのところが明確に「征討致すべき」とされているものが同じとはとうてい言えない。

特に毛利の場合は、西郷は征韓論を主張しているのではないと言っているのであるから、「征討致すべき訳でございます」と書いてある十五日付のものを、その言葉のない十七日付のものと同じだとして十七日付のもので置き換えるわけにはとてもいかない。

「西郷は一五日の閣議に出席せず、代りにこれまでの経過をまとめた始末書を太政大臣あてに提出した」と言うのであれば、毛利は当然、十五日付のものを十七日付のものに置き換えたりせずに、正直に勝田の『西郷隆盛伝』「その他の諸書に見えている」十五日付の「始末書」を掲載すべきであろう。

毛利は、それらに掲載されている十五日付「始末書」をきちんと読んでいないのではないかと疑わざるを得ない。読んだ上で、その違いがわかりながら、右のように言えるとはとても思えないからだ。憶測が加わるが、もし、毛利が最初の時点で、「征討致すべき訳でございます」と記載のある十五日付の「始末書」をきちんと読んでいたなら、毛利はそもそも、まじめに平和的交渉説など唱えることなどできなかったのではないか。

つまり、毛利はどうやら『大西郷全集』の解説を何ら確かめることなく、それを鵜呑みにして、西郷の真筆としてのこっている十七日付のものを十五日付の「始末書」として代用したようである。自身「重要なものである」とする史料について、史学者が取る態度とは思えない。毛利の先の批判の言葉を借りれば、「あらかじめ作られた結論に合わせて史料をあてはめたのではないかと疑いたくなる」。まさしく、史料を騙って、西郷を騙っていることになろう。

なお、十七日付の「始末書」については、第四章一節でその全文を載せて詳しく説明する。

毛利の史料に対する同様な態度は、毛利が右で、

「ちなみに、日本史籍協会叢書『西郷隆盛文書』所収のものは『十月十五日』付であり、『三条太政大臣殿閣下』と宛書がある〔二〇四―五頁〕。」

としているところにも如実に現れている。この「『十月十五日』付」の文書は実は、前掲の十七日付のものや勝田孫弥が掲載している十五日付のものに比べて、途中で文章が欠落している、もとからの紛（まが）い物である。[39]

この欠落については、藤井貞文が一九六七年に『西郷隆盛文書』を覆刻・再版する際、すでに『大西郷全集』のものとの対校表を作って指摘している。[40] これまた、毛利はその藤井の指摘も知らず、また、「『西郷隆盛文書』所収の」その文書もきちんと読んでいないために、右のようなことが言えたことになる。

また毛利は、右の注記で『大西郷全集』の解説者の弁を、「編者は隆盛自身のこの書をこれまで三通みた」で引用を止めているが、実際には、その解説はこのあと「そのうち二通は十七日付であった。一通は記憶せぬ」と続く。[41]

「一通は記憶せぬ」というのは、いわゆる「大臣答弁」のごとくであるが、いずれにしても、この解説者は十五日付のものは見ていないことになる。そのために、毛利にとっては都合が悪く、そ

の部分を引用から除いたのではないか。これは故意によるもののようだ。

これらの錯誤や間違いは、どれを取っても、史学者としては単なる不注意の域を越えたものであろう。しかも、自身が「朝鮮使節問題に関する西郷の正式かつ最終的な見解とでもいうべき重要なものである」と言う史料についてである。

以上のことだけでからしても、毛利の説は史学上の学説などと呼べるものではないことは明らかであろう。


史学者が仮説を立ててそれを史料によって検証し立論しようとするのは、自然科学者が仮説を立ててそれを実験や観測によって検証し立論しようとするのと同じである。つまりは、歴史学で史料の扱い方がいい加減であることは、科学で実験や観測の仕方がいい加減であるのと同じである。そのどちらでも、そのようであっては、仮説がいくら面白いものであっても、それが学説などにはとうていなり得ない。

とりわけ歴史学が科学的であろうとする場合は、史料の扱い方こそが要諦であるはずだ。しかし、前節で見たように「科学的な歴史学」を言う遠山や井上にしても、また本節で取り上げた毛利にしても、いずれでも史料の扱い方がいい加減である。

ところが、この毛利の新説は相当にセンセーショナルなものであったこともあって、これが発表されたころには、斯界でも世上でも一種の旋風を巻き起こしている。その一部を紹介しておこう。

史学者の田村貞雄は、毛利の『明治六年政変の研究』の公刊前年に、「西郷論の系譜」（一九七七）で、毛利がそれ以前に発表していた著作に注目して、[42]

「近年もっとも注目されるのは毛利敏彦氏の研究で、…『明治六年の政変―いわゆる『征韓』論争の再検討―』…をつぎつぎと発表されている。いずれも従来の代表的見解とその史料的根拠を克明に検討された労作であって、本稿執筆にあたってずいぶんと参考になった。」[43]

と高く評価し、また、佐々木克も『明治六年政変の研究』の書評（一九八〇）で、

「本書は、相当に刺激的な本である。ここ数年のあいだで、最も興味深く読了した本の一冊」

とし、その理由として、

「ひとつは、日本近代史研究史におけるこれまでの〈政変〉評価をほとんど否定しきったかのような、新しい〈政変〉論に対してであり、いま一つは著者の精力的な実証主義と史料批判の精神に対してである。」[44]

と言う。

田村も佐々木も「史料的根拠」や「実証主義と史料批判の精神」を挙げて称賛しているのである。本当に毛利説の「史料的根拠」をきちんと確かめて書いているのだろうか。もし彼らが、毛利が「重要」とする「始末書」の「史料的根拠」をきちんと点検し、また、毛利の「史料批判の精神」を毛利の史料の扱い方の実際に即してチェックしておれば、とても右のようには言えなかったであろう。もし、それらがきちんとなされておれば、当初の時点において、毛利説は否定されていたのではないか。

出版後十年になっても、佐々木寛司（一九八八）は毛利の著作を評して、
「日本におけるブルジョア革命期の一局面を政治史的に描き出すことに成功したほとんど唯一の労作である。」[45]
と激賞し、また、松浦玲（一九八七）は、注記においてではあるが、
「征韓論問題論争の長い歴史に大きな画期を作ったのは、西郷隆盛は征韓論者ではないと断定した毛利敏彦で、この精力的で意欲的な研究の意義はいくら強調してもしすぎではない。」[46]
としている。多くの史学者が、西郷を征韓論者から平和的遣使論者へと転回させたセンセーショナルな説に感動したようである。
しかし、それは一時的な幻想であったようだ、右の史学者も、後にはほとんどが毛利説の批判者に転向している。なかでも、田村貞雄と佐々木克は後には敵対的批判者になり、松浦玲も近年では、よく取り上げられる西郷の板垣宛書簡（本書でも後に取り上げる）について、自著（二〇一〇）で、
「西郷は征韓論者だと見る側は概ね文面通りに読み、非征韓論と見る側は、板垣に西郷派遣を支持して貰うための策略だと主張する。私は西郷の真意だと読む。」[47]
とし、また、別の自著（二〇一一）でも、
「私は一八七三年〔明治六〕廟堂大分裂のときの西郷隆盛が猛烈な征韓論者だったと思っている。」[48]
と、以前に自身が下した毛利説の評価を変えている。しかしまた、松浦が「西郷隆盛が猛烈な征韓論者だった」と言うような史料や証拠はどこにもない。

実は筆者も、だいぶ遅れて十五年ほど前に毛利の『明治六年政変の研究』（一九七八）を読んで、とりわけその批判精神に感銘を受けた。しかしその後、毛利の他の著書も読み、いくぶんか明治史や西郷のことも勉強をして、毛利説とその立論の仕方に強い疑念をいだくようになった。裏切られたという気分も残り、生意気にもこのような史学者批判の本を書く原因（破目）にもなった。

なお、毛利説については、史料の扱い方や誤読で他にも多くの問題がある。それらについては、第四章「西郷遣使論を語る史料」のところで取り上げる。

## 三　坂野潤治

坂野潤治は『未完の明治維新』（二〇〇七）で、毛利説を評して次のように書いている。


「約三十年も前に毛利敏彦氏が、西郷隆盛は征韓論者ではなく平和主義者であったと唱えた時、史学者の多くは黙殺した。一九七八年刊の『明治六年政変の研究』（有斐閣）と、その翌年の『明治六年政変』（中公新書）とがそれである。

その当時、西郷隆盛や桐野利秋が率いる薩摩軍団の目標は、台湾出兵による日中戦争にあると考えていた筆者は、征韓論に関する限り、毛利氏の主張を基本的に支持した。台湾問題を機に中国と一戦しようとする桐野や、樺太問題でロシアに強硬態度を執れと西郷に迫る開拓使長官（北海道）の黒田清隆を抑えるために、西郷は朝鮮問罪使節となろうとしたのである。武力を背景にしながらも、西郷が使節全権となってやろうとしていたことは朝鮮への開国要求であって、それが『征韓論』のように響いたのは、自己の配下の対外強硬論者に対する説得のポーズだったのである〔前掲『日本歴史大系』第四巻〕」[49]

「史学者の多くは黙殺した」と坂野は言うが、それは自身の周辺から受けた印象であろう。実際は先に示したように、多くの史学者が毛利の西郷遣使平和的交渉説を高く評価していた。

さて、右の坂野の文章は、やや読み取りにくいものだが、いずれにしても、西郷は「台湾問題を機に中国と一戦しようとする桐野」や樺太問題で強硬策を迫る黒田を抑えるために、自ら「朝鮮問罪使節」に立って「朝鮮への開国要求」をしようとしていたと言っていることになろう。

坂野は以前から、台湾出兵こそが西郷らの「本命」であったという持論を持っており、その考えのもとに右のように言っているのである。坂野は大島明子の論文「御親兵の解隊と征韓論政変」(二〇〇五)を評価して、

「西郷隆盛らは『征韓』より『征台』を本命としていたという指摘であり、[50] 筆者も十年以上前から同様の立場に立ってきた〔『近代日本の国家構想』一九九六年〕。」[51]

と言う。

しかし、後に取り上げて詳しく見るが、西郷が参議の板垣退助に六年七月末から八月下旬にかけて送った一連の書簡を読めば、この時期、西郷が「『征韓』より『征台』を本命としていた」などとはとても言えない。

一連のものの最初の七月二九日付ではその最後に、

「決まって、相手（朝鮮側）から暴挙に出ると予見でき、そうなれば、討つべき名も確かに立つと考えます。…。なにとぞ私を遣わして下さるよう、伏してお願いする次第です。副島君のごとき立派な使節はできなくても、死するぐらいのことは相調うものと存じますので宜しくお願いします。」

と書いている。

もっぱら、自分が「暴殺」に遭って「討つべき名」を立てると言い、朝鮮に対して「開国要求」をするといった雰囲気などはない。また、そこで死ぬと言っているのだから、西郷自身に征韓ができるわけはないし、「『征韓』より『征台』を本命」としていたなどとも言えない。

なお、坂野が西郷の言う朝鮮遣使論が、「『征韓論』のように響いたのは、自己の配下の対外強硬論者に対する説得のポーズだったのである」という指摘は、興味深いもので、筆者もこれを参考にして西郷が取る「ポーズ」やカモフラージュに言及している。

坂野は「ロシアに強硬態度を執れと西郷に迫る開拓使長官の黒田清隆を抑えるために、西郷は朝鮮問罪使節となろうとした」と言うが、実際の順序はその逆で、西郷の朝鮮派遣が閣議で決定された（八月十七日）あとに、黒田が樺太出兵の建言書を提出した（九月二日）のであり、一般には、黒田が西郷の朝鮮派遣を牽制するために樺太出兵を建言したと見られている。

坂野はまた、桐野について征韓よりも「台湾問題を機に中国と一戦」することに熱心だったと言うが、桐野も、西郷が一連の書簡を板垣に送って朝鮮行きに熱中するようになってからは、やはり西郷と同様に、台湾問題とともに朝鮮問題にも熱心であった。そのことは多くの史料によって裏付けられるが、ここでは、これまであまり取り上げられていない、『鹿児島県史料　玉里島津家史料』第七巻に収録されている明治六年の十月二八日付の「征韓論派探偵書」と呼ばれる文書を取り上げておく。

その冒頭に、次のようにある。

「征韓の論起こりしは、当七月以来の事にして、もっぱら西郷・桐野奮発せしに、陸軍大尉以下ことごとく同論せり。よってある日、西郷一人、三条殿へ参り、およそ三時間ほどの談判にてあい迫る。…。」[52]

ここで「西郷一人、三条殿へ参り」云々と書いているのは、後に取り上げるが、八月十六日の夜に三条説得のために三条邸を訪ねたときのことを指すと考えられる。

この文書によると、征韓論が起こったのは「当七月以来の事」とあり、そのときより「西郷・桐野奮発せしに」とある。

桐野は前年の五年六月に鹿児島に台湾原住民による琉球漁民大量殺害事件が伝わって以来、問罪の台湾出師（すいし）を強く主張していたが、六年夏に西郷が突如自らの朝鮮派遣を唱え始めてからは、それに同調していた。西郷と桐野のあいだで特にこの件で齟齬や確執があったわけではない。先に見た遠山茂樹や井上清の論では、桐野の言辞をもって「西郷派」の「征韓論」を代表させていたほどである。

また宮地正人は、西郷の「全面的軍事行動をひきおこすロジック」は、

「従来の台湾出兵計画を朝鮮への軍事行動計画に転換する。台湾での、清国の曖昧な態度につけ込んでの『蛮人征伐』よりは、国家対国家の国交樹立での外交対決の方が、全面化させるのには名分が立つ。」[53]

と言う。西郷の意図としては、この宮地の見解の方が正鵠（せいこく）を得ているであろう。

実際、当時、留守政府で当初から西郷・板垣とともに参議の職にあった大隈重信は、回顧談になるが、明治二八年に刊行された『大隈伯昔日譚』（一八九五）で、

「副島を大使として清国に派遣せられるや、右には台湾事件をひっさげ、左には対韓問題を携え、清国政府を要してその罪責の所在を糾問した。しかるに意外の答弁を獲って我国に帰来するや、台湾事件をほとんど措（お）いて顧みられずがごとく、一意に対韓問題を忽諸（こつしょ）に付す（軽んずる）べきでないと説き、にわかに廟堂の有司もまた、ただ対韓問題に熱中し、…。」[54]

また、

「副島は直ちに帰朝して先ず対韓問題の忽諸に付すべきでないことを説き、十分なる権力を有する使節を韓国に派してその無礼を責め、かつ旧交を修める上において、最後の談判を試みることを主張した。これ実に明治六年のことにして、かの有名な征韓論の勃興した端緒なりとする。」[55]

と語っている。

大隈は、副島大使が帰国すると「台湾事件をほとんど措いて顧みられずがごとくとなり」、「先ず対韓問題の忽諸に付すべきでないことを説き」、「これ実に明治六年のことにして、かの有名な征韓論の勃興した端緒」となったと言う。

ここで大隈が「かの有名な征韓論」と表現しているのが、西郷の朝鮮遣使論のことである。そして、その「端緒」となったのが、副島の帰国（明治六年七月二六日）であったと言っている。回顧談ながら、大隈がここで、事実からかけ離れたことを言っているとは思えない。

この大隈の話は、右で引いた「征韓論派探偵書」の報告とも一致する。現代の史学者・坂野よりも、当時の閣僚・大隈の言辞を信じるべきであろう。もし、坂野がなお、「西郷隆盛らは『征韓』より『征台』を本命としていた」と言うのなら、大隈の回顧談に根拠がないことを論じておかねばならないだろう。坂野は大隈のこの回顧談を無視している。

坂野は後世の史学者がする西郷隆盛論を批判して、

「政治家はよく、自己の評価は後世の史学者に委ねるというけれど、西郷の事例は後世の史学者ほど当てにならない者はいないことを示している。」[56]

と言う。しかしどうやら、坂野自身もその史学者の一人のようだ。

坂野の持論や自説による史料の牽強付会の解釈や不都合な史料の無視は、このあとも各所で取り上げることになる。

以上、本章では、遠山茂樹、井上清、毛利敏彦、坂野潤治という日本近代史研究のリーダーたちを取り上げてきたが、彼らがともに、自説を主張するのに熱心で、そのためにいかに史料を曲解しまた無視するか、その一端を示し得たと思う。およそ「史料に語らせる」といった態度からはほど遠い。

しかし、このように彼らの歴史を論じる態度を見てくると、そこに伝統的なものを感じざるを得ない。戦後、日本近代史をリードした遠山や井上は、戦前までの「皇国史観」や天皇や国家の正当性を綴る「正史」の歴史学を否定したはずだが、結果としては、それらを自ら科学的と称するマルクス主義史観によって置き換えただけで、史料の扱い方や史料に向き合う態度そのものを科学的にしたわけでも何でもない。

そしてまた、後続の史学者たちも、「皇国史観」やマルクス主義史観を奉じるのではないにしても、依然として、自ら立てた仮説や持論に従って史料を適宜に使うだけで、史料の扱い方や史料に向き合う態度を改めたわけではない。従前通りである。史料の自己流利用や我流援用は斯界の伝統のように見える。

注

1　宮地正人「解題」、井上清『新装版　日本現代史I　明治維新』、東京大学出版会、二〇〇一年、三六一頁。

2　『遠山茂樹著作集』第三巻、岩波書店、一九九一年、二三頁。この論文の初出は一九五〇年。なお、「桐野利秋談」からの引用は、『西南記伝』上巻一、付録第一章「桐野利秋の征韓論に関する実話」、三頁。

3　井上清『西郷隆盛』下、中公新書、一九七〇年、一九二頁。

4　『西南記伝』上巻一、黒龍会本部、一九〇九年、四八五―四八七頁。

5　宮地正人、前掲書、三七四―三七五頁。

6　井上清『日本現代史I　明治維新』、東京大学出版会、一九五一年、三六二頁。

7　井上清、前掲書（一九七〇）、一七八頁。

8　原平三「征韓論と明治六年十月の政変」、『歴史学研究』第六巻第九号、一九三六年、四五頁。

9　遠山茂樹「大久保利通」、『近代日本の政治家』、講談社、一九六四年。引用は『遠山茂樹著作集』第二巻、三三八頁。なお、遠山が「参議後藤…らと、…大蔵大輔井上馨との対立は井上の辞職となり」と書いているのは正しくない。井上が大蔵大輔を辞職したのは、後藤らが参議に就いた直後である。大蔵大輔井上と後藤や江藤らとの対立は後藤らが参議に就く以前から起きていた。

10　前掲『西南記伝』、三二五―三二六頁。

11　勝田孫弥『大久保利通伝』覆刻版（もとは一九一一年発行）、臨川書店、一九七〇年、九三頁。

12　小西四郎『現代記録全集3　士族の反乱』、筑摩書房、一九七〇年、六三頁。

13　田中彰『明治維新と天皇制』、吉川弘文館、一九九二年、一六三頁。

14　『大西郷全集』第二巻、平凡社、七三八頁。

15　『西郷隆盛全集』第三巻、大和書房、一九七八年、三七四頁。

16　松尾正人『木戸孝允』、吉川弘文館、二〇〇七年、一六三頁。

17　『鹿児島県史料　玉里島津家史料』第七巻、一九九八年、一頁。

18　勝海舟が明治二十六年五月に寺師宗徳に話した回顧談。『史談会速記録』三百十四輯、参照。

19　井上清、前掲書（一九七〇）、一八五頁。

20　井上清『日本の軍国主義II　軍国主義と帝国主義』、東京大学出版会、一九五三年、一三九頁。

21 前掲『西南記伝』、三〇六頁。
22 『西郷隆盛全集』第五巻、大和書房、一九七九年、五一四頁。
23 猪飼隆明『西郷隆盛』、岩波新書、一九九二年、一三〇頁。
24 『明治天皇紀』第三巻、吉川弘文館、一九六九年、一一九頁。
25 『大隈重信関係文書』第二巻、覆刻版（もとは一九三二年）、東京大学出版会、一九七〇年、一五五頁。
26 『遠山茂樹著作集』第一巻、岩波書店、一九九一年、一九五―一九六頁。この論文の初出は一九五一年。
27 川道麟太郎、前著Cを参照していただければ幸いである。
28 井上清、前掲書（一九七〇）、二〇〇―二〇一頁。
29 同上書、二一五頁。
30 『大西郷全集』第三巻、平凡社、七八三頁。
31 毛利敏彦『明治六年政変の研究』、有斐閣、一九七八年、「はしがき」ii頁。
32 同上書、二六頁。
33 同上書、二〇五頁。
34 同上書、四二頁。
35 同上書、一九頁。
36 同上書、二七頁。
37 煙山専太郎『征韓論実相』、早稲田大学出版部、一九〇七年、二二〇―二二一頁。
38 勝田孫弥『西郷隆盛伝』覆刻版（もとは一八九四年）、至言社、一九七六年、第五巻、九四頁。
39 ここに掲載されている「始末書」には、確かに「十月十五日」の日付と「三条太政大臣殿閣下」という宛名が入っているが、文書の中央部「被差遣候様有之度」の「候」と「様」の間に、勝田孫弥掲載の十五日付「始末書」にはある「ては、又礼を失せられ候得へ者、益交誼を厚く被尽候御趣意貫徹候」が完全に欠落している。「三条太政大臣殿閣下」の宛名などは、勝田掲載の「始末書」にも、十月十七日付の「出使始末書」にもない。
40 『西郷隆盛文書』、東京大学出版会、一九六七年、三六三頁、参照。
41 『大西郷全集』第二巻、平凡社、七九三頁。
42 毛利敏彦は『明治六年政変の研究』（一九七八年）以前にも、大阪市立大学の『法学雑誌』等で関連の論文を発表している。

43 田村貞雄「西郷論の系譜」、『歴史公論』、一九七七年、一一〇頁。

44 佐々木克「毛利敏彦著『明治六年政変の研究』」、『日本史研究』二二四号、一九八〇年、七二頁。

45 佐々木寛司『日本資本主義と明治維新』、文献出版、一九八八年、二八〇頁。

46 松浦玲『明治の海舟とアジア』、岩波書店、一九八七年、二一九頁。

47 松浦玲『勝海舟』、筑摩書房、二〇一〇年、四六二頁。

48 松浦玲『勝海舟と西郷隆盛』、岩波新書、二〇一一年、一八三頁。

49 坂野潤治『未完の明治維新』、筑摩書房、二〇〇七年、一〇五頁。なお、引用部の最後に括弧書きで「前掲『日本歴史大系』第四巻」とあるのは、同内容のことを一九八七年出版のその書籍で既述していることを示している。

50 なお、筆者には、大島のこの論文が、坂野が言うようなことを指摘しているとは思えない。

51 坂野潤治、前掲書(二〇〇七)、九一頁。

52 『鹿児島県史料　玉里島津家史料』第七巻、一九九八年、一一九頁。なお、この文書は「征韓論破裂一件始末書」という表題のもとに収録されている。

53 宮地正人『幕末維新期の社会的政治史研究』、岩波書店、一九九九年、七〇頁。

54 円城寺清編『大隈伯昔日譚』、東京大学出版会、一八九五年、六八三―六八四頁。

55 同上書、六七九頁。

56 坂野潤治、前掲書(二〇〇七)、一八八頁。

# 第二章　史料集の虚偽とその踏襲

今日広く史料の典拠として使われる『西郷隆盛全集』や『大久保利通文書』といった史料集の問題点について触れておきたい。それらはいずれも、歴史学や文書解読の専門家たちによって、収集された史料が編年的に編纂され、翻刻されたものである。

ところが残念ながら、それらも必ずしも信頼に足るものではない。西郷隆盛論に関してよく使われる史料集について、編纂上の過誤や史料の解読や解説上の間違いと、それらの史学者による踏襲の問題を取り上げておく。なお、最後の節では、日記をもとにした編纂書の問題点とその誤用の事例を取り上げておく。

## 一『西郷隆盛全集』

『西郷隆盛全集』は全六巻（一九七六—八〇）から成るが、間違いの少なくない史料集である。すでに前章一節でこの史料集の解説の間違いを二つ取り上げている。一つは、第三巻（一九七八）が、

『大西郷全集』第二巻（一九二七）が根拠を示すことなく西郷が朝鮮遣使を主張したのは六月十二日としたのをそのまま踏襲して、

「政府は六月十二日に閣議を開いてこれを協議したが、参議板垣などは武力を背景に厳重談判に及ぶべしというにあった。しかし参議西郷はこれに異論をとなえ、…。」

と解説したものである。このために、西郷が閣議で朝鮮遣使を主張したのは六月十二日とする説が史学者のあいだでもかなり広く行き渡っている。西郷が実際に閣議で自身の朝鮮遣使の意見を開陳したのは、六月十二日のような早い時期ではない。そのことについては、前章一節で詳しく述べた。実際には、それよりも二ヵ月も遅い八月十三日の閣議である。この日と特定できる根拠については後述する。

もう一つは、第五巻（一九七九）が、

「三条太政大臣は箱根行在所の明治天皇に伺候し、閣議の結果を奏上した。天皇はこれに対し、『尚岩倉の帰朝後、之と熟議して奏上せよ』と仰せ出されたという。三条は十八日に帰京し、西郷を招いてこのことを伝えた。」[1]

とする虚偽の解説である。三条が天皇の避暑地箱根に行って上奏したのは八月十九日と二三日のあいだである。当時の交通事情では八月十七日に閣議決定した件を箱根で上奏して「十八日に帰京」などというのは土台無理である。この件についても、前章一節で詳しく述べておいた。

さて、『西郷隆盛全集』の単純なミスの事例から始めよう。西郷と勝海舟の初対面は元治元年（一八六四）九月のことで、そのことについては、西郷が大久保宛の書簡で、

「実に驚き入った人物で、最初は打ちたたくつもりで行ったのですが、とんと頭を下げました。…。ひどく惚れ申した。」

などと伝えたことでよく知られている。『西郷隆盛全集』第一巻（一九七六）はその初対面の日を、西郷の元治元年九月十一日付勝海舟宛書簡の解説で、

「西郷は（越前福井藩士の申し入れに）ただちに賛成し、勝海舟に会見を申し入れた。会見は九月十五日に大阪で実現した。」[2]

としているが、実際には、それが「実現した」のは、西郷がその書簡を出した同日の十一日である。『海舟日記』の元治元年の九月十一日の条に、

「薩人大島吉之助（西郷のこの時期の変名）、吉井中助、越人青山小三郎、来訪。征長の御議紛々、決せず、…。よろしき論あらば聞かむ云々。」

とある。しかし、この『西郷隆盛全集』の間違った解説のためであろう、初対面を九月十五日としている史学者は少なくない。[3]

こういった単純なミスのほか、史料の年代判定やその編纂上で間違いを犯しているものがある。その事例を一つ取り上げておく。それは、西郷の同日付・同文・同人宛書簡を年の違う二ヵ所に収録している件で、それの文面は次のようである。

「ご安康恐賀奉ります。陳(のぶ)れば（申しますと）、今朝参殿致すべき旨承知していましたところ、胸痛はなはだしく罷り出ること叶わず、恐縮の至りでございます。今夕六時ごろまでには是非

参殿するように致しますので、何とぞよろしくお取り成し下されたく願い奉ります。以上。

六月二日　　　　西郷隆盛

三条公

ご近侍中様

」[4]

当時の書簡には、月日の日付はあるものの、年の記入がないものが多い。そのため、編者はその年代判定をしなければならないが、その判定が容易でない場合が少なくない。

判定できない場合は、「年代不明」のところに収録されることになるが、右の書簡は、どういうわけか、『西郷隆盛全集』第三巻の明治四年と六年の二ヵ所に収録されている。送り手・送り先が同じで前掲のような同文の書簡が、ちょうど二年を隔てた同月同日に二度送付されるといったことが現実に起きる確率は限りなく低い。確率論的にはまず起こり得ない。

おそらく、編者たちが連携を欠いたまま担当範囲の仕事をし、それぞれに年代判定をして重複収録する結果になったのであろう。もし、ほんとうに同文で日付まで同じ書簡が実際にちょうど二年を隔てて二度送られていたとしたら、それこそ解説にそういうことを付記しておくべきであろうが、そういった記載はない。

六年に収録しているものには、その末尾に出典が「(西郷南洲先生遺墨集)所収」と示されているが、四年のものにはそれがない。編者の担当範囲が出典別に組まれていたのだろうか。二ヵ所に収録されたところで、それぞれに次のような解説がある。

【四年のものの解説】

「(前略)この頃、制度改革の大問題がおこっていたので、政府首脳の往来が頻繁であった。前日の六月一日には、山口から帰京したばかりの大久保を西郷は訪ねた。そして政府の基礎を確立するには、一人を首班に推し他はこの人を中心に協力して補佐すればよい、ついては木戸一人だけを参議として首班に推し、…。」

【六年のものの解説】

「西郷は胸痛がひどく、朝参殿する予定ができなくなり、夕方六時頃までには参殿するから宜しく御願いするという内容を伝えている。六月二日の朝の参殿については、はっきりしない。」

これらの解説からすると、右の四年の方の解説が具体的で、この時期の西郷の活動や政局の動きにもよく合致する。大久保の日記によると、四年のこの時期、西郷が六月一日と六月三日に大久保邸を訪ね、三日には木戸も大久保邸を訪ね、さらに、大久保はその日に岩倉に会いに行ってもいる。おそらく、それらの話し合いの結果であろう、四年の六月二五日には西郷と木戸の二人だけが参議に就任している。政府はこのとき、ごく短期間ながら寡頭制を敷いている。

それに対して、六年の方の解説には、年代を六年と判定できるような記述は何もない。書簡の内容をそのままに書いているだけで、「朝の参殿については、はっきりしない」とも言う。

もし編者たちが、同じ書簡を二ヵ所に収録していることを知っていたなら、このようなバラバラの二つの解説をそのままにはしておかなかったであろう。

六年の解説については、もしかすると、それが典拠に挙げている「西郷南洲先生遺墨集」が六年として収録しており、それに倣ったのかもしれないと思い、確かめようとしたが、管見では『西郷南洲先生遺墨集』という表題の書籍は見付けられなかった。ただ、『南洲先生遺墨集』（青山会館編、大正一五年）というのがあって、それにあるこの史料の紹介文には「明治三四年頃のものなるべし」とあるので、[5] それも関係ないようである。

さて、この六年の六月二日ごろといえば、前章一節で取り上げた勝海舟の日記では、勝が大久保利通から「西郷氏の事」を頼まれて奔走していた最中である。併せて取り上げた大久保一翁の六月三日付勝宛書簡では、一翁がその日西郷を訪ねて鹿児島への帰郷を思いとどまるよう説得したころで、右の西郷書簡の日付である六年の六月二日はその前日に当たる。そんな日に、西郷が「今夕六時ごろまでには是非参殿するように」するというようなことを連絡するとは考えにくい。六月六日には西郷はホフマンの診察を受け、また篠原国幹に送った書簡では、このころ「小弟長々引入り」などと書いてもいる。

以上のことからして、この書簡は六年ではなく、明治四年六月二日に送られたものと判定してまず問題はない。

ところが、笠原英彦（二〇〇五）はこの書簡を『西郷隆盛全集』の六年のところにあるものから採用して次のように言う。

「(明治六年の)六月二日の閣議では参議中に『征韓』の方針を掲げる者があったようである〔『大久保利通文書』第四〕。同日付三条宛西郷書簡にみる限り、西郷は『胸痛甚だ敷く、罷り登り候儀相叶わず』として閣議には欠席した〔『西郷隆盛全集』第三巻〕。

同書簡で、西郷は当初参殿の心積もりであったこと、そこで何とか夕刻六時頃に参殿する意向を伝えている。この日の閣議の模様はいま一つ判然としないのだが、西郷が『征韓』の議がでる可能性を予見してこの日のうちに三条に真意を伝えようとしたものとみられる。」[6]

笠原は『大久保利通文書』第四巻の解説が六年の「六月二日の閣議において参議中、出兵を唱えるものあり」としているのを根拠にして、それと同日付の前掲の西郷の三条宛書簡を結び付け、右のように推測している。

しかし、ここで笠原が引いている『大久保利通文書』の「六月二日の閣議において」云々の解説は、次節で詳しく見るように虚偽である。前章一節で詳説したように六月十二日でも早過ぎるのに、それよりさらに早い六月二日という時期の閣議で「『征韓』の議がでる」というようなことはない。六月二日というのは先にも述べたように、勝海舟や大久保一翁が大久保利通に頼まれて西郷の帰郷を止めさせようと、奔走していたその最中である。そんなときに、

「西郷が『征韓』の議がでる可能性を予見してこの日のうちに三条に真意を伝えようとした」

というようなことはあり得ない。

気の毒と言えば気の毒だが、笠原は二つの史料集の間違った記述を、それぞれ真に受けて両者を結び付け、あらぬ方向へと論を展開している。

勝田政治（二〇一二）もまた、二ヵ所に掲載されている西郷書簡を明治六年にあるものから採用して、

「西郷は（六年）五月初めから肥満症による体調不良で療養生活を送っている。六月二日には『胸痛』が激しいことから、三条太政大臣に閣議欠席の書簡を出している。…。」[7]

と言う。

勝田は西郷が六年のこのころ体調を崩していたことで、この書簡を六年のものと見たようだ。勝田はここで、西郷が「今朝参殿致すべき旨承知していましたところ」云々と書いているところの「参殿」を、その日に「閣議」があったものと解釈して、この書簡を「閣議欠席」を届けるものと解しているが、この「参殿」は「閣議」とは多分関係がない。

西郷は普通、閣議に出る場合は「参朝」や「出仕」という言い方をする。[8] また、閣議は一般に正院で行われる。この「参殿」は、単に三条邸に参上するという意味であろう。書簡中に二度出てくる「参殿」の後者の方も同様である。

勝田も、もしかすると、『大久保利通文書』第四巻の解説にある「六月二日の閣議」を鵜呑みにしているのかもしれない。あるいは、笠原が「閣議には欠席した」としているのに追随しているのかもしれない。

憶測になるが、笠原や勝田は『西郷隆盛全集』が四年のところにも同じ書簡が収録されているのを知らないのではないか。そのために、六年のものを疑うことなく採用して、あらぬ方向へと推論をする破目になったのであろう。もし、同文で月日も同じ四年のものを見ていたなら、二人も右のような推測はしなかったのではないか。

ところが、家近良樹（二〇一七）は、同日付同文の書簡が六年と四年の二ヵ所に収録されているのを知った上で、そのどちらも実際にその日に送付されたとして次のように言う。

「明治四年の六月二日付で三条に宛てた西郷の書簡〔『西郷隆盛全集』三〕によると、この日の朝の来邸を求められた西郷は、『胸痛甚敷』ことを理由に断っている。ついで、同様の条件での要請がなされたのを、やはり同様の理由で断ったのが、ちょうど二年後にあたる明治六年六月二日付で出された三条宛ての西郷書簡〔同前〕であった。ということは、この間、西郷は激しい胸の痛みに継続して苦しめられ続けていたであろうことを、我々に教えてくれる。」[9]

家近は西郷の体調不良やストレスが彼の政治行動に強い影響を及ぼしたとする仮説を立て、それをテーマに著作をしているからであろう、家近の目には「胸痛はなはだしく」とあるまったく同文の書簡が、二年を隔てたちょうど同月同日に実際に二度発送されたと映ったようだ。史学者が、いかに自分が立てた仮説のもとで史料を見ているかがよくわかる。

西郷の体調は確かに、六年の六月ごろは、前章一節でも見たように大変悪かったが、一方、四年のこのころは、先に取り上げた大久保の日記でもわかるように西郷はわりあい活動的であった。実際、この年の初めには、朝廷や政府のたっての願いに応じて、西郷はようやく中央政府入りし、その後いったん東京から帰藩して、四月にはご親兵にする鹿児島の常備兵四大隊を率いて東京に戻り、六月二五日には参議に就いて七月十四日の廃藩置県の断行に力をふるっている。この明治四年のころは、全体的にはむしろ、体調がよかったと言ってよい。

家近が言うように、同日付同文の二つの書簡が実際に存在して、この間（四年六月二日から六年同日まで）の二年間、「西郷は激しい胸の痛みに継続して苦しみ続けていたであろう」というようなことはない。史料はそんなことを「我々に教えてくれ」ていない。自説に合わせて史料を都合よく使う典型的な事例である。史料を騙って西郷を騙っている事例とも言える。

それにしても、笠原・勝田・家近という第一線で活躍する史学者たちがそろって、このように史料をきちんと評価せず、また、史料とするものの時期の政治情況や西郷の様子などに注意を払わず、勝手な推論や臆断をするのには驚く。史料集に収録されていれば、それを自己流に使い、史料集の間違いを拡散、拡大するばかりである。無論、『西郷隆盛全集』の無責任な編集も罪深いのだが。

そのほか、『西郷隆盛全集』が収録した史料の解説で、編者が間違った解釈をし、さらにそれを史学者が拡散・拡大させている事例を二つ取り上げておく。

最初に取り上げるのは、『西郷隆盛全集』第一巻（一九七六）に収録されている書簡で、西郷が奄美大島に送られ、そこから安政六年の二月十三日付で同志の税所喜三左衛門（篤）・大久保正助（利通）宛に送ったものである。

その文頭に置いた尚々書きで、西郷は次のように書いている。

「着島より三十日にもなりますが、一日晴天という日はなく雨がちです。一体、雨の激しい所ということですが、誠にひどいものです。島のよめじょたちの美しき事、京、大坂抔がかなう丈に御座無く候（傍線部分は原文通り）。垢の化粧一寸ばかり、手の甲より先はぐみ（入墨）をつけ、あらよう。」

また、続く本文では、

「誠にけとう人には困り入ります。やはり、はぶ（毒蛇）性で食い取ろうとするような様子です。しかしながら、至極ご丁寧なことで、とうがらしの下にいるような塩梅で痛み入る次第です。」[10]

などとも書いている。

気持ちが荒んでいるところに、気候や文化の違いが追い打ちをかけたようで、島の生活に馴染めぬ様子がうかがえる。

右の尚々書きにある、「島のよめじょたち美しき事」に続く「京、大坂抔がかなう丈に御座無く候」というところだけは、原文まま引用したが、文意が読み取りにくいところだからだ。

この書簡の解説者は、このところを、

「西郷は着島早々長雨にまいりながらも、島娘の野生美を認識したようだ。西郷の住んだ竜郷には通称竜郷美人の諺がある。垢の化粧あらようは西郷のユーモアである。」[11]

と解釈している。

筆者はこれまで、前著AとCでここのところを取り上げ、いずれでも西郷はここで、「島娘の野生美」を褒めているのではなく、「あらよう」にも表れているように、むしろ嘲(あざけ)っていると解釈してきた。

ところが近年でも松尾千歳(ちとし)(二〇一四)は、

「龍郷に着いた西郷は、…。雨の多さにうんざりし、住民たちを『けとう〔毛唐〕』と蔑視しているのである。ただ『島のよめじょたちうつくしき事、京・大坂などがかなう丈にござなく』と女性の美しさには目を奪われている。」[12]

と解釈し、家近良樹(二〇一七)も同様に、そのところを

「そうした中、西郷は太陽を浴びて肌が小麦色に輝く島の未婚女性の美しさには驚かされたようである。」

と解釈し、さらに、

「江戸や京・大坂といった大都会に住む色白で『柳腰』の女性と接触する機会のあった西郷の眼には、島の若い女性の内地女性とは異なる美しさが、強く印象に残ったというわけであった。また、それは、素朴な美しさに瞠目させられたということでもあった。そして、このことが、このあと記すことになる島娘と所帯を持つことにも繋がったと考えられる。」[13]

と推論して、いくぶんロマンチックに愛加那との結婚に結び付けている。

しかしどうであろうか、『西郷隆盛全集』の解説者が「竜郷美人の諺」を知っていて、それが先入観となって、間違った解釈をし、さらに史学者がそれに追随したのではないか。

西郷がこの文章の最後に「あらよう」の掛け声をかけているのや、この前後に見られる西郷の荒んだ気分を綴った文章からしても、西郷が「島のよめじょ」に魅せられたと解釈するのには無理があるように思う。

鹿児島県立図書館の名瀬分館長をして大島に長く住んだ作家の島尾敏雄は、橋川文三との昭和五二年（一九七七年）の対談で、西郷の愛加那との結婚について、

「西郷だって、最初はやはり、島のことを知らないし、もちろん、島の人は西郷がどんな人間か知りません。島の人たちの目には、西郷はからだの大きな一人の流罪人としか、映らなかったと思います。

しかも、はなはだ荒れている、狭い島の社会では具合が悪いんです。そこで、酒に酔っぱらわせておいて、家の中に一人の娘を人身供養のような形で入れてしまった。けっきょく西郷は、その責任を取って愛加那と暮らすようになった、というわけです。」[14]

と語っている。島尾のこの話の方が事実に近いのではないか。

そこで、筆者としては、右の西郷書簡の解釈の事例を調べてみることにして、その作業を進めていくと、かなり以前のものになるが、海音寺潮五郎が昭和五一年刊の『西郷隆盛』第二巻（一九七

六、『西郷隆盛全集』第一巻の発刊と同年になる）で、西郷の書簡の「島のよめじょ」云々のところを引いて、次のように書いているのを見付けることができた。

「字義のまま解釈してはならない。垢だらけで、手に入墨をして、グロテスク千万、アラヨウ！と感嘆しているのだ。この感嘆詞は鹿児島の女性の感嘆詞である。だから、娘らの美しさをたたえているかのように見えるはじめの叙述は、反語なのである。西郷の諧謔なのである。」[15]

筆者としてもいささか安心したわけだが、鹿児島出身の文人・海音寺の「反語なのである」という解釈の方を信用していいのではないか。これからすれば、『西郷隆盛全集』の解説の解釈は間違いで、それを引き継ぐ史学者の前掲のような推論も間違いということになる。

取り上げる二番目の事例は、『西郷隆盛全集』第二巻（一九七七）が西郷の慶応四年（明治元年）二月二日付久保利通宛書簡に加えている解説に関するものである。

この書簡は西郷が、鳥羽伏見の戦いで形勢不利と見るや江戸に逃げ帰った徳川慶喜（よしのぶ）の処罰について述べたものである。慶喜は江戸到着後ほどなくして、朝廷に謹慎恭順の態度を示し、自分の退身をもって徳川家の存続を求める嘆願書を京都に送っている。このとき京都にいた西郷のもとにも、その書簡の写しが届き、西郷はその件で大久保に次のように書いている。

「ただ今、別紙が届きました。慶喜退隠の嘆願、甚だもって不届き千万。是非切腹までには参らないでは済まず、必ずや越土（越後藩・土佐藩）などよりも寛論が起こったのでしょう。然れば、静寛院（孝明天皇の妹・和宮）と申しても、やはり族の一味となって、退隠ぐらいで済むと思し召しであれば致し方なく、断然追討あらせられたきことと思います。

かくまで押し詰めているところを、寛やかに流しては、再び、臍をかむとも益なしに至るでしょう。例の長評議に因循を積み重ねては、千歳の遺恨になると思いますので、何とぞお持ち合わせのご英断をもってお責め付け置き下されたく、三拝九拝お願いします。」


西郷は朝廷にいる大久保に「慶喜退隠の嘆願、甚だもって不届き千万。是非切腹までには参らないでは済まず」と訴え、「ご英断をもってお責め付け置き下されたく」と書いている。

大久保ももとより西郷と同じ思いで、国元の島津久光側付きの蓑田伝兵衛に送った二月十六日付の書簡で、慶喜退隠の嘆願を「誠にあほらしき沙汰の限り」と言い、また、

「退隠ぐらいをもって謝罪などとますます（朝廷を）愚弄奉ること甚だしいことでございます。天地に容れられべからざる大罪なれば、…、寸毫も猶予されては、例の譎詐権謀に陥られるのは案中のことです。」[16]

と伝えている。これまで慶喜にさんざん痛め付けられてきた西郷や大久保にとって、慶喜を何もなしに退隠させるなど、とうてい許されることではなかった。

ちなみに、これより三年余り前、西郷は第一次長州征討を終結させるのに、かつては自身が「有

志」と呼んだ益田親施(ちかのぶ)〈弾正〉ら三人の長州藩家老を切腹に処し、四人の参謀を斬首に処していたが、慶喜はそのとき、肥後藩の長岡護美宛に送った書簡で、

「芋の銘は大島〈西郷のこと〉とか申す由。…。風聞にて知るところでは、益田はじめ三首級、吉川方へさし返したとのこと。」[17]

云々と、その処分にケチをつけていた。

ところが、『西郷隆盛全集』第二巻は右の西郷書簡を解説して次のように言う。

「…。正月二十一日、慶喜は江戸から一書を、在京の徳川慶勝〈尾張老公〉、松平春嶽〈越前老侯〉、…、山内容堂〈土佐老公〉に送って、自分の退隠で、朝敵の名をゆるしてもらうようとりはからってくれ、と頼んだ。…。

また、静寛院宮は徳川家のために寛大な処置をするように、…。本書の『ただ今、別紙が届きました』とある別紙は、右の慶喜や静寛院宮の嘆願の趣旨を報じたものであろう。(中略)

世間にはこの書を引用し、徳川家処分について、西郷及び薩摩藩がきわめて残酷な意見であったと論ずるものがあるが、これらは西郷の真意を解しない皮相の見解である。…。」

多くの史学者や歴史書も一般に、厳罰は西郷の真意ではなく、最終的には寛典でおさめるつもりであったと言う。このあと、実際にそのようになったからでもあるが、古くから、西郷は一般に初め厳しい処置を言うが、実際には寛大な処置で事を収めるやり方を取るとされ、この慶喜処分もそ

の事例の一つにされている。

確かに西郷は、敵対する相手を徹底的に打ちのめすようなことは好まず、また多くの場合、敵内部の分裂や確執を利用して、敵をもって敵を制するやり方を取る。しかし、この徳川慶喜の処分をもとから、よく言われるような〝当初強硬・後寛大〟の方式でやろうとしていたのだろうか。そうとは思えない。

西郷や大久保と慶喜の関係は、西郷が主君・島津斉彬のもとで慶喜・将軍継嗣（けいし）擁立運動に命を賭して働いて以来、因縁深いものであった。何度も「臍（ほぞ）を」かまされ、慶喜の「譎詐（けつさ）権謀に陥ら」されてきたのである。

西郷は慶喜の将軍継嗣擁立運動を始めたころ、安政三年五月四日付で国元の大山綱良に書いた書簡では、慶喜が将軍継嗣になれば、

「天下のため、また我が御国家（薩摩藩）の難事もいたしやすく、かつ、水戸をお救い下さるにはこれより良策はありません。幕府の一改革もできるでしょうし、神州を扶持（ふち）する（助ける）道、これをもってほかにないことです。」

などと、いいこと尽くめのように書いていた。

しかし西郷は、その擁立運動に失敗して幕府から追われる身になり、僧の月照とともに入水自殺を図るものの、月照一人を死なせてしまって自分は蘇生し、そのあと薩摩藩によって死んだことにされて奄美大島に三年も幽閉される。またその間に、慶喜擁立運動で協働した先輩格の日下部伊三治は安政の大獄で拷問に遭って死に、また、一体となって働いた越前藩士・橋本左内は斬刑に処せ

られた。

その後も薩摩藩は島津久光のもと、藩を挙げて慶喜の擁立に努め、その結果慶喜は将軍後見職に就き、その後、禁裏御守衛総督そして遂には徳川宗家当主になり征夷大将軍にまで上り詰める。しかし、慶喜は薩摩藩の期待に反して、それぞれの地位で薩摩藩の前に立ちふさがり、鳥羽伏見の戦いではついに戦火を交える敵将にもなる。

慶喜擁立には、島津斉彬のもとで働いた西郷だけでなく、島津久光のもとで働いた大久保も懸命に務めを果たす。その大久保は慶喜の将軍後見職が決まった日、文久二年七月六日の日記に、

「市橋（一橋慶喜）公、御後見、今日仰せ出られる。（中略）数十年苦心、焦思したこと、今さら夢のような心持ち。皇国の大慶、言語に尽くしがたい次第なり。」

と記している。この「数十年苦心」に、斉彬のもとで慶喜擁立運動に邁進した西郷の苦労が含まれる。

西郷が大久保宛に前掲の書簡を書いたほんの一ヵ月ほど前、鳥羽伏見の戦いになる直前には、慶喜は、朝廷に差し出した「討薩の表」で、

「臣慶喜、謹んで去月九日（十二月九日のクーデター）以来のご事態を恐察致しますのに、一々朝廷のご真意ではなく、まったく松平修理大夫（島津茂久）の奸臣どもの陰謀より出ていることは天下のともに知るところです。」

と書き、

「前文の奸臣どもをお引き渡しいただくようご沙汰下されたく存じます。万一、ご採用ならな

いときは、止むを得ず誅戮を加えるべく、この段、慎んで奏聞致します。」[18]
と書いている。慶喜がここで言う「松平修理大夫の奸臣ども」は西郷や大久保らを指す。幕府側総大将の慶喜が、ほとんど名指しをして「誅戮を加える」と言うのである。
一方、西郷・大久保らはこれより二ヵ月半ほど前、朝廷から、
「賊臣慶喜を殄戮し（殺し）、もって速やかに回天の偉勲を奏して、」[19]
云々と命じる「討幕の密勅」を受けていた。
慶喜が西郷・大久保らの「誅戮」を言い、西郷・大久保らが慶喜の「殄戮」を期すところに、誇張や修辞があったわけではない。彼らはまさしく、殺すか殺されるかの熾烈な戦いをしていたのである。

このような経緯からして、西郷が「是非切腹までには参らないでは済まず」と言うのも、また、大久保が「誠にあほらしき沙汰の限り」と言うのも、どちらも掛値のない真意であったと見るべきであろう。

もっとも、慶喜を「死一等」にしないことは、新政府で早い段階にほぼ決められていたことで、西郷や大久保らとしても、それに執拗に反対することはできなかった。「公議公論」は新政府が標榜するところのものであり、また実際のところも、慶喜の「死一等」に固執して、世間に広がっている薩摩藩の徳川幕府に対する「私戦」や天下取りの風評をいっそう掻き立てるようなことは、ふたりにはできなかった。

とは言え、西郷が前掲の大久保宛の書簡で書いていることをその通りに解することが、「西郷の

真意を解しない皮相の見解である」などとは言えない。むしろ、その思いこそ、西郷や大久保の心底にあったものと解すべきであろう。

## 二　『大久保利通文書』から

『大久保利通文書』から、西郷の朝鮮遣使に関する史料について、前節の『西郷隆盛全集』について述べたのと同様の事例を一つ取り上げておく。

その第四巻（一九二八）に、大久保の明治六年八月十五日付村田新八・大山巌（いわお）両名連名宛書簡が収録されている。この書簡は欧州遊学中の二人に、大久保が欧米回覧帰国後の自身の心境を伝えたもので、史学者によってよく取り上げられるものである。大久保はこの四月初旬、ベルリンからの帰国途中、パリで開かれた鹿児島県人会の大久保の送別会で二人にも会っている。文面は次のようなものである。

> 「（前略）当方の形光（日本情勢）は追々ご伝聞もあろうと思う。実に致しようもない次第に立ち至り、小子が帰朝しても、いわゆる『蚊が山を背負う』（小さい蚊には荷が重すぎるさま）の類（たぐい）で、所作のしようもなく今日まで荏（じん）せん（延び延びになっているが）、一同（岩倉使節団）手の揃（そろ）うのを待っている。たとえ、有為の志はあっても、この際に臨み、蜘蛛（くも）の巻き合いをやっても寸益もなく、かつまた、愚存もあり、泰然として傍観している。

国家の事、一時の憤発力にて暴挙いたし、愉快を唱えるようなることをしても決して成るわけはない。尤もその時世と人情の差異に関係するのは無論である。詳細の情実は禿毫（ちびた筆）の及ばぬところ故、よろしく新聞紙を閲して亮察してほしい。

久光（島津久光）公、折しも上京、散々の風評。…、この件はご懸念されるほどのことではないと思う。

当今の光景にては、人馬ともにあきれ果て、不可思議の情態になっている。追々、役者もそろい秋風白雲の節に至れば、元気も復して見るべき開場もあると思う。（後略）」[20]

一部を引いたが、この部分だけからも、大久保の帰国後の政治情勢への不満が十分に読み取れる。「不可思議の情態」、「蜘蛛の巻き合い」や「人馬ともにあきれ果て」といった言葉には、留守政府への嫌悪感や憎しみさえうかがえる。大久保としては、このような政府にはとても加わることができないので、ともかく使節団が帰国して「役者もそろい秋風白雲の節」までは、「泰然として傍観」すると伝えている。

この書簡について『大久保利通文書』は、次のような解説を加えている。

「利通日記は今日不幸にして、欧米巡回中および帰朝直後を欠くが故に本書は当時における心情を窮知し得る点において貴重なる史料なり。利通の五月二七日帰朝するや、たまたま朝鮮に対する議論沸騰し六月二日の閣議において参議中、出兵を唱えるものあり、是月三日に至り西郷は自ら遣韓大使たらんことを請うに至る。利通は世界の大勢と我国の前途につき考慮するところがあってこれに反対なりと言えども、朝議すでに遣使のことに内定し、かつ当時は参議の職を離れて閣議に列していなかったので、しばらく岩倉大使の帰朝を待たんとしたものなり。（後略）」[21]

ここにある「利通の五月二七日帰朝するや、たまたま朝鮮に対する議論沸騰し」については、すでに前章一節で虚偽であることを詳しく述べた。「朝鮮に対する議論」に西郷が加わって自身の朝鮮遣使を唱えたのは八月以後のことである。それも夏休み中に、西郷が短期間に外に漏れないようにして、かなり強引に閣議決定に持ち込んだもので、大久保が「帰朝」した五月末のころに「議論沸騰」などといったことはない。

実際に「議論沸騰」し始めたのは九月以降である。それも、世間にまで及んで騒がれていたわけではない。世間がそれを知ったのは、十月の終わりに突如、政府が大分裂を起こし西郷らが下野してからである。前章でこの件について述べたときに取り上げた、田中彰（一九九二）が大久保や木戸が帰国したとき、「留守政府はいわゆる『征韓』論でわき返っていた」と書いているのも、もしかすると、この『大久保利通文書』（一九二八）の解説に追随したものかもしれない。

また、「六月二日の閣議において参議中出兵を唱えるものあり」としている「唱えるもの」というのはおそらく、よく言われる板垣退助のことであろう。しかし、ここで「六月二日の閣議」としているのが、何を根拠にしているのかはわからない。すでに前章一節で、『大西郷全集』第二巻（一九二七）がその閣議を六月十二日としているのについて、根拠もなく早過ぎると批判しておいたが、それよりさらに早い六月二日などいうのはあり得ない。

この時期、廟堂で「朝鮮に対する議論」が起きたのは、そもそも釜山の東萊府（とうらいふ）にある「大日本公館」（「草梁倭館」）から五月末日付で「侮日の伝令書」に関する報告書が日本政府に届いてからとされているが、それが六月二日以前に日本の外務省に届くということなどはあり得ない。当時は、釜山の「大日本公館」からの通報は対馬の厳原（いずはら）を経由して東京に届けられており、一般に二十日以上を要していたとされる。[22] なお、このとき、釜山と日本を結ぶ電信ケーブルはまだ敷設されていない。[23]

ところが、笠原英彦（二〇〇五）は右の『大久保利通文書』の解説を信用して、前節で見たように、

「六月二日の閣議では参議中に『征韓』の方針を掲げる者があったようである（『大久保利通文書』第四）。」


として、同日付の西郷の三条太政大臣宛の書簡に結び付け、あらぬ方向へと推論を展開している。

また、落合弘樹（二〇〇五）も、

「留守政府首脳は六月二日に閣議を開き、軍隊を帯同した大使を派遣して『公理公道を以って屹度可及談判（だんぱんにおよぶべし）』という方策を示す。しかし、西郷は全権使節を派遣して平和的なかたちで朝鮮を説得するように求め、副島外務卿の帰朝を待ってから決定を下すこととした。」[24]

と言う。

この書き方によると、落合は六月二日の閣議で、西郷が「全権使節を派遣して平和的なかたちで

朝鮮を説得するように求め」たと見ているのだろうか。落合は右で「『公理公道を以って屹度可及談判』という方策を示す」としている二重括弧の部分の引用源を示していないが、『岩倉公実記』の朝鮮議案の文章中に同文のものがある。『岩倉公実記』は朝鮮議案の閣議開催日を単に「六月」としてその日は特定していないので、落合も多分、右の『大久保利通文書』の解説をもとに、その閣議を「六月二日」としたのであろう。

ところが、勝田政治（二〇一一）は落合の右の記述について、

「落合弘樹『西郷隆盛と士族』（二〇〇五）は『六月二日』（一八三頁）と記しているが、これは『六月一二日』の誤記と思われる。『六月一二日』説は、新たな論証が行われない限り説得力がない。『六月から七月』が妥当な時期であろう。」[25]

と言う。落合の誤記かどうかはわからないが、いずれにしても、どの史学者もそれぞれに間違ったことないしは適当なことを書いている。

ところで、右の『大久保利通文書』の大久保の村田・大山宛書簡の解説に、

「六月二日の閣議において参議中、出兵を唱えるものあり、是月三日に至り西郷は自ら遣韓大使たらんことを請うに至る。」

とある「是月三日」は、この文脈からすると六月三日と読めるがそうではない。ここの「是月」は解説対象の大久保の村田・大山宛書簡が八月十五日付であることから八月を指し、この「是月三日」は八月三日を指す。この曖昧な記載のため、実際にここのところを六月三日と読み取って間違

った解釈している史学者もいるようだ。[26]

事実、西郷は八月三日に三条太政大臣に書簡（「建言書」）を送って、右の解説にもあるように、その中で「自ら遣韓大使たらんことを請う」ている。後に詳しく述べるが、西郷が三条太政大臣に送ったこの八月三日の書簡（「建言書」）が、西郷が公式に自らの朝鮮遣使を唱えた最初のものである。

おそらく、『大久保利通文書』の解説が「是月三日」のような表現を取ったのは、そこのところを八月三日と書いてしまうと、「参議中、出兵を唱えるもの」がいた「六月二日の閣議」とのあいだで二ヵ月もの間（ま）が空（あ）いてしまい、そのことがあまりにあからさまになって具合が悪かったからであろう。征韓に熱心なはずの西郷が「朝鮮に対する議論沸騰」しているなかで、閣議があった後二ヵ月も放っておいたのでは、確かにいかにも具合が悪い。そもそも「六月二日の閣議において参議中、出兵を唱えるものあり」などとしてしまっているために、どうしても事実とのあいだで齟齬をきたしてしまうのである。

さて次に、前掲の解説が、

「利通は世界の大勢と我国の前途につき考慮するところがあってこれに反対なりと言えども、朝議すでに遣使のことに内定し、かつ当時は参議の職を離れて閣議に列していなかったので、しばらく岩倉大使の帰朝を待たんとしたものなり。」

としているところについて検討せねばならない。実際の大久保書簡には、西郷のことや「遣使」のことは一言（ひとこと）も書かれていないのに、この解説はもとから、大久保が反対しているのは西郷の朝鮮遣使のことだとしているからだ。

解説は、大久保が「実に致しようもない次第に立ち至り」と書いているのも、また、「国家の事、一時の憤発力にて暴挙いたし、愉快を唱えるようなることをしても決して成るわけはない」と書いているのも、いずれも、西郷の朝鮮遣使に反対するものと解釈していることになる。

徳富蘇峰もまた同様で、大著『日本近世国民史』の『征韓論前編』（一九六一）で大久保の村田・大山宛書簡を逐条的に解釈して、

「以上この（書簡の）文句を玩味すれば、征韓論に対する大久保の反対意見は、ありありと躍動している。『国家の事、一時の憤発力にて暴挙いたし、…、成るべきわけはない』とは、大久保が征韓論者に与えた頂門の一針だ。」[27]

と言う。これら以後、この大久保書簡については、右のような解釈が一般的なものになっていく。

しかし、大久保が書簡で書いている、

「国家の事、一時の憤発力にて暴挙いたし、愉快を唱えるようなることをしても決して成るわけはない。尤もその時世と人情の差異に関係するのは無論である。」

との言い方からすると、「愉快を唱えるようなること」というのは、むしろ「征韓論」のことではないように思える。もし「征韓論」のことであれば、それは少なくとも士族たちの「時世と人情の差異に関係する」からだ。実際このあと、西郷の朝鮮遣使決定のことが木戸の耳に入ったときには、木戸は次節で見るように、九月三日の日記で「世論に雷同して」などと書き、それに反対している。

それに何よりも、大久保が西郷を非難するのに、いくら何でも「一時の憤発力にて暴挙いたし、愉快を唱える」といった言い方で非難するとは思えない。大久保にとって西郷は若いときからの同郷の先輩（二年八ヵ月西郷が年長）であり、ともに支え合い死線を乗り越えてきた盟友でもある。このあと、六年十月にふたりのあいだの反目が決定的になった以後も、大久保が西郷を、外に向かって右のような言葉で誹謗したことは一度もない。しかも、これを書いている相手は、西郷を最も敬愛する村田新八であり、また、西郷の従弟（いとこ）である大山巌なのである。

留守政府や政治情勢への大久保の不満が強いのは確かであるが、それが具体的に何に対してであるかはこの書簡には何も書かれていない。「よろしく新聞紙を閲して亮察してほしい」とあるだけだ。その不満の原因が、大久保にすれば留守を任したつもりの西郷にもあるため、そういう書き方をしていることが想定できるが、西郷朝鮮遣使問題が、大久保がこの書簡を書いた八月十五日以前に新聞に出ていたといったことは考えられない。

そして、この解説の解釈に真っ向から批判を加えたのが毛利敏彦（一九七八および一九七九）である。毛利は、大久保が書中で「形光」については「よろしく新聞紙を閲して亮察してほしい」と書いているのに注目して、当時に発行されていた新聞の掲載記事を実際に調査している。その結果、毛利は、朝鮮関係の記事は「強いてあげれば、二月二一日付『東京日日新聞』」に「寅の年の男子を徴して、兵と為し、朝鮮に役せしむる」の関する風説記事一件があるものの、皆無に近いとする。

それに対して、

「井上大蔵大輔辞職をめぐる大蔵省紛議関係や島津久光上京関係の記事が詳しいし、各地に頻発した徴兵反対の農民運動〔血税一揆〕の記事も多出している。」

とし、毛利は、

「大久保が村田や大山に『了察』してもらいたかったのは、大蔵省紛議問題か島津久光関係、もしくは農民暴動関係であった可能性が大きい。」[28]

「少なくとも八月十五日の時点では、大久保は、朝鮮使節派遣問題に反対していないし、むしろそれにはあまり関心を持っていなかった、といっていいのではなかろうか。」

と結論付けている。[29]

確かに、当時世間で騒がれていた事柄からしても、新聞紙上に出てくるのは、そのようなものになると推測できる。西郷の朝鮮遣使問題が、八月十五日時点までに新聞に出るというようなことはまず考えられない。[30]

それに、大久保がこの書簡を書いた八月十五日の時点ではそもそも、大久保はまだ西郷の朝鮮遣使問題に反対するほどの知識を持ち合わせていなかったはずだ。西郷の朝鮮遣使議案が閣議で取り上げられたのは、西郷が八月三日に三条太政大臣にその旨を建議してからであり、最初に西郷自身が閣議でその意見を開陳するのは八月十三日の閣議である。

そのことは、西郷自身が八月三日に太政大臣三条に自身の朝鮮遣使を提議する書簡（「建言書」）を送り、その後、八月十四日付の板垣退助宛書簡で、

「昨日建言しておいた朝鮮使節の儀、なにとぞこの上のところ、ひとえにご尽力下さるよう祈

ります。」

と書いていることや、八月十七日早朝の同じく板垣宛書簡で、

「先日、正院で申し立てた時」

と書いていることからわかる。

なお、これらの西郷が三条に提出した八月三日付「建言書」や板垣に送った書簡については第四章で取り上げる。

それにまた、『大久保利通文書』の解説は、大久保は西郷の朝鮮遣使に「反対なりと言えども、朝議すでに遣使のことに内定し」などと書いているが、「内定」したのは八月十七日の閣議で、大久保がこの書簡を書いた八月十五日の時点ではまだ決まっていない。と言うより、西郷はそれを決定に持ち込むために、十六日には板垣に会った上で、三条邸に行き翌十七日の閣議のための根回しをするなど、まだ熱心に運動中であった。[31]

しかも、この西郷朝鮮遣使の評議は廟堂内で相当に内密に行われており、大久保も木戸も廟議に出ていなかったため、大久保もその評議のことは十五日の時点では、ほとんど何も知らなかった可能性が高い。

実際、これより二週間足らず前の八月三日にあった宮島誠一郎と大久保との会談でも、そこで大久保が宮島に不満を漏らしているのは、留守政府が学制、徴兵制や地租改正といった開化政策を次々に進めて人民の反発を買っている、もっぱらそれら内政問題についてである。このとき、朝鮮問題や台湾問題といった外政問題は一切話題にのぼっていない。[32]おそらく、八月十五日付の村

田・大山宛書簡で大久保が、

「国家の事、一時の憤発力にて暴挙いたし、愉快を唱えるようなることをしても決して成るわけはない。その時世と人情の差異に関係するのは当然であろう。…、よろしく新聞紙を閲して亮察(りょうさつ)してほしい。」

と書いているのも、その内政問題のことであろう。このあと九月になって、西郷朝鮮遣使反対の運動が表面化するなかで、大久保や木戸がもっぱら内治優先を唱えてそれに反対するのにも符合する。

ところが、出来上がっている固定観念からは史学者も抜け出ることが難しいようだ。毛利が右のように論証したにもかかわらず、それをほとんど無視して、なお、従来説を唱える史学者が多い。田村貞夫（一九九一）は次のように言う。

『国家の事、一時の憤発力云々』…。ここでは大蔵省問題に見られる政府の分裂、各地の農民一揆の多発に見られる政府の政策の破綻〔これらが新聞に報道されている〕をよそに、『一時の憤発力にて暴挙いたし、愉快を唱える様なること』に熱中している政府全体の動向を指している。これは朝鮮問題以外ではありえない。それを大久保は批判しているのである。（中略）

大久保は留守政府の朝鮮問題への投入の情報を聞いているはずであり、それにあきれるとともに、長年の親友西郷との対決を覚悟し、岩倉具視一行の帰国を待っているのである。…。手紙を出した八月十五日は、朝鮮問題で西郷派遣を決めた閣議の八月十七日の直前なのである。
（中略）
この書簡についての毛利氏の解釈は、曲解もはなはだしく、まったく問題にならない。」[33]

しかし、この田村の批判はそもそも、論理的な批判になっていない。「これは朝鮮問題以外ではありえない」（傍線著者）などとして、毛利が新聞掲載記事を調べて朝鮮問題ではないとしているのを批判しても、また、「大久保は留守政府の朝鮮問題への投入の情報を聞いているはずであり」（傍線著者）として、大久保がその問題で「西郷との対決を覚悟」したなどと言っても、それでは正当な批判にならない。

事実としても、八月十五日までの時点で「政府全体」が「朝鮮問題」で「熱中」したというようなことはまったくない。そもそも、西郷の朝鮮遣使の件が廟堂で評議されたのは、西郷が八月三日に太政大臣三条に自身の朝鮮遣使を申し出たときに始まり、それが八月十七日の閣議で決まるまでの実に半月ほどの期間である。また、この期間に「熱中」したのはとりわけ西郷であり、この件で表立って反対意見が出るようになったのは九月に入ってからで、さらに政府の紛糾のもとになったのは岩倉の帰国後である。

仮に、大久保が八月十五日の時点でいくらか西郷の主張を聞いていたとしても、その程度の生半可な情報で、大久保が「西郷との対決を覚悟」するなどということはあり得ない。また、前述のように、そのことをもって、「国家の事、一時の憤発力にて暴挙いたし、愉快を唱えるようなることをしても」などといった言い方で、大久保が村田や大山巌に対して西郷を非難することもまずあり得ない。右のような論法で田村が「毛利氏の解釈は、曲解もはなはだしく、まったく問題にならない」と批判しても、それこそ「まったく問題にならない」。

また、福地惇（一九九六）は右の大久保書簡について、

「大久保は『当方の形光は…。かつまた、愚存もあり、泰然として傍観しています』と現在の心境を述べ、更に西郷らの『征韓論』を批判して『国家の事、一時の奮発力にて暴挙いたし、愉快を唱える様なること決して成るべき訳はなし』と断固たる反対を表明していたのである。」[34]

と、従前通りの解釈を言う。これより十数年も前に毛利がそういった従前の解釈を批判して、その批判は広く知られるようになっているにもかかわらず、同分野の史学者がそれへの反論もせずに、ただ無視して右のように言う。この学界（斯界）はそういうところなのだろうか。

## 三　『木戸孝允文書』から

『木戸孝允文書』第八巻（一九三二）に「征韓・征台速行の反対意見書　明治六年八月」とされる文書（以下、「反対意見書」と略す）が収録されている。その一部を引く。

「台湾の暴挙を我が琉球人に加える、その無状なること、もとより師（軍隊）をもって問うべし。朝鮮の我が交款をうけざる、その無礼なる、もとより兵を挙げて伐つべし。（中略）

（しかし）国を治めるに義務あり、民を撫するより急なるものはない。兵を用いるに方略あり、力を養うより先なるものはない。…。」[35]

外征に反対して内治優先を唱えるものだ。明確に台湾出兵と朝鮮征伐を挙げてそれらに反対していることから、西郷や板垣・副島らが唱えている台湾出兵や征韓論に反対する意見書であることに間違いはない。この文書の末尾には「明治六癸酉八月」とする日付が入っている。

この文書について、木戸の伝記『松菊木戸公伝』（一九二七）は、「木戸孝允公年譜」の六年八月十九日の条で、

「公（木戸）、征台・征韓の廟議あるのを深憂し、時局に鑑みて内治を急要とし、この日、この意見書を草しついでこれを廟堂に提出す。」[36]

としている。『松菊木戸公伝』が何を根拠にしてこう書いているかは不明である。

一方、木戸の日記では、六年九月三日の条に次のように書かれている。

「…。四時、三条公に至る。談論中、西郷参議より台湾出張朝鮮討伐建言云々あり、かつ、朝廷上にもすでに決議したようだ、よって深憂にたえない。今、万民は困苦し、新令がしばしば出て民はますます迷う。去年来、（人民が）蜂起すること数次、政府はこれを当たり前のように見ている。

現今の方略を語るなら、内政を治めるより急ぐものはない。義務をいうなら、樺太の人民を保護することに先んじるものはない。世論に雷同して、ますます人民を困らせ、いよいよ国力を損なうようなことは、決して余の服さないところである。罪を制するのにどうして、その時の遅速を論じないのか。しからばすなわち、今は、内政を治めることをもって第一着とすべし。『鼇頭』（上欄への書入れ）内政未だ整わず。」[37]

初めの方に「談論中、西郷参議より」というのは西郷から直接というのではなく、三条を通してという意味である。それ以下で書いているこの日記の趣旨は、「反対意見書」のそれと完全に一致する。しかし、この日記からすると、木戸はこの日初めて、三条から西郷の「台湾出張朝鮮討伐の建言云々」を聞いたようである。だとすると、これ以前に木戸が「反対意見書」を提出したというのはおかしなことになる。もし、これ以前に「反対意見書」を提出していたなら、日記にこんな書き方はしないであろう。

このように、やや矛盾する二つの一次史料があるため、史学者もそれらの取り扱いに苦労し、それらの解釈に色々と工夫をこらしている。

毛利敏彦は『明治六年政変』（一九七九）で、

「木戸は、三条に征台征韓反対の意見書を提出した。八月中のことである。」

と言うが、九月三日の日記との関係が気になるのであろう。

「日記の書きぶりから推測すると、木戸は、九月三日に三条から建言云々を聞かされて初めて西郷が征韓を期しているると思ったのではなかろうか。」

とし、続けて、木戸の日記の八月二一日の条に「十一字に訪れ、西郷老人と談話数字」とあるのに注目して、

「換言すれば、かれは、八月二一日に西郷と『談話数時』した際には、使節に内定したばかりの西郷から征韓を考えているとの感触を得なかったわけである。すなわち、使節暴殺論の類は話題にならなかったといえよう。そうであれば、九月三日の三条との会見以前に提出された木戸の征台征韓反対意見書は、西郷批判を念頭においていなかったというべきであり、多分、副島や上野ら外務省首脳批判であったと思われる。」[38]

と言う。

いささか持って回った解釈だが、要するに毛利は、八月中に提出された「反対意見書」は西郷批判を行ったものではなく、木戸が副島外務卿や上野外務少輔から聞いた外務省首脳の征台・征韓方針に対する批判であったと言うのである。毛利がこのように言うのは、毛利自身が西郷は平和的交渉のための遣使論を唱えているのであって、征韓論を唱えているのではないと主張しているからだ。

また、家近良樹（二〇一一）は、『木戸孝允文書』が「反対意見書　明治六年八月」とするのと木戸の九月三日の日記の記述とのあいだに矛盾を認めず、両方をそのままに受け入れて、

「（岩倉大使帰国以前には西郷に対する）表立った反対はあまり見られず、木戸孝允が一般論として征韓と征台にともに反対する意見書を八月中に政府に提出したくらいであった。」[39]

と言う。つまり、「八月中に政府に提出」された「反対意見書」は、西郷朝鮮遣使問題とは関係

なく「一般論として征韓と征台に」反対するものだったと言うのである。

もっとも、家近もそうは言うものの、やはり木戸の九月三日の日記との平仄が合いにくいようで、その日記を引用した上で、

「これによると、なんとも不思議なことだが、木戸は、帰朝後、対朝鮮強硬論の台頭に危機感を抱いたものの、それを西郷の使節志願の動きと結びつけて理解していなかったということになる。」[40]

と言う。

これに似た解釈は、やや古く徳富蘇峰（一九六二）が、

「木戸は八月十九日に（「征台征韓即行反対意見書」を）三条までは提出したものの、それは内治の急須を論じるのが主にして、かたわら征韓・征台に及んだものにして、強いて西郷に向かって、太刀打ちせんとする意気込みではなかった。」[41]

としているのに見られる。なお、ここで蘇峰が「八月十九日」としているのは、前掲の『松菊木戸公伝』（一九二七）の記述を採用してのことのようだ。

これらのほか、信夫清三郎（一九七八）が「反対意見書」の起草日と実際の提出日を分けて辻褄を合わせようとする説を立てているが、この信夫の説には数々の間違いと錯誤がある。ここでそれらを説明するのには紙数を要し過ぎるので省く。関心のある向きは、筆者の前著Bで詳しく述べているのでご覧いただきたい。

このように、どの史学者も二つの史料に矛盾がありそうなことに言いながら、どういうわけか、

史料そのものについて疑う、史料批判はしようとはしないのである。史学者は史料批判をよく言うが、いったいいつそれを実行するつもりなのだろうか。「不言実行」ならぬ「有言不行」とでも言うべきか。不思議である。

「征韓・征台速行の反対意見書　明治六年八月」とされる「反対意見書」と木戸の九月三日の日記のほかに、もう一つ、木戸が大隈重信に十月二十日付で、外征反対・内治優先の意見を述べた書簡がある。いずれも一次史料であるが、それら三つの史料を照らし合わせながら、それぞれの史料の信憑性について検討を加えておこう。大隈宛の十月二十日付書簡には次の記載がある。

「さて、去る八月三日、三条公より台湾朝鮮の云々ご下問（ご質問）あり、皇国今日の形勢を想って驚歎に堪えず、（中略）『義務、民を撫するより先なるものはなし、方略は力を養うより先なるものはない』の二条を主とし三岩二公（三条・岩倉両大臣）に言上しました。（後略）」42

これからすると、木戸は八月三日に三条から「台湾朝鮮の云々」についての「ご下問」を受けたことになる。

これら木戸自身が書いた三つの一次史料は、明らかに相互矛盾を起こしている。木戸がどこかで間違いを犯しているか、あるいは、史料を伝える者がどこかで故意か無意識かの間違いを犯していることになる。この矛盾を解き明かしておかねば、どの史料も安心して使うことはできない。まず、右の大隈宛書簡にある「去る八月三日、三条公より台湾朝鮮の云々ご下問あり」という件であるが、そういうことはまずあり得ない。

木戸の八月三日の日記を調べてみると、「平岡の開拓した地面（土地）を一見する。…。また余の荘（別荘）に至る」などとあるのみで、三条から「下問」があったような雰囲気はまったくない。それに、木戸が七月二三日に帰国して三条にゆっくり会ったのは、八月五日が最初であることが木戸の日記からわかる。三条との面談に関係する件を引き出すと次のようである。

七月二九日　…。昨日条公（三条）より書簡あり、よって伺ったが、ご不快の由に、来たる三一日を約して帰る。…。

三一日　…。今朝、森寺（三条家執事）来訪、今日三条公へ約あり、ご病気につきお断りになる。

八月五日　…。五字より約があって、三条公に至る。談話数時九字帰宅。

西郷が三条に初めて「台湾の一条」と「朝鮮の一条」について建言したのは八月三日である。西郷が建言したその日にいきなり、帰国以来閣議への出席を拒んでいる木戸にその件で「下問」したりするようなことはまず考えられない。

大隈宛書簡に八月三日に三条から「下問」を受けたと書いているのは、木戸の記憶違いか誤記であろう。とすると、その「ご下問あり」とする日は実際には何時だったのだろうか。それは、その大隈宛書簡に「台湾朝鮮の云々ご下問あり、皇国今日の形勢を想って驚歎に堪えず」とあるのと、九月三日の日記にある「朝廷上にもすでに決議したようだ、よって深憂にたえない」との一致などからして、木戸が九月三日とすべきところを間違って八月三日と書いたとしてよいのではないか。

そうすると、木戸は九月三日に三条から初めて西郷の「台湾出張朝鮮討伐の建言云々」を聞くとともに、そのとき同時に三条からその件で「下問」を受けていたことになる。

これを三条の立場に立って考えてみると、次のような推察が可能である。三条は八月十七日に西郷の朝鮮派遣を裁断したものの、戦争にもなりかねない一大事を、すでに帰国していた木戸や大久保に何の相談もせずに、留守政府の閣議で決めてしまったことで相当悩んでいたに違いない。八月十七日の閣議で西郷の朝鮮派遣を裁断した翌十八日、三条は木戸に面会を申し入れている。しかし、木戸はその日先約があり、それを断っている。先にも示したが、木戸の日記の八月十八日の条に、

「三条公より書状到来。今日ハーソン・タイモント等を招いた約あるによって断りに及んだ。」

とある。この日は、三条が十七日の閣議決定を上奏するために箱根に向かう前日である。おそらく三条はこのとき、木戸にその件で相談したかったのであろう。しかし、叶わなかった。

また、三条は九月三日の前日二日には、開拓次官の黒田清隆から西郷の朝鮮派遣を牽制する樺太派兵の建言書を受け取ってもいる。あからさまな反対意見が、それも西郷近辺の者から出てきたのである。これらのため、三条は九月三日になって急きょ、参議であり三条自身が最も頼りにしている政府の実力者である木戸に、西郷の朝鮮派遣の閣議決定を打ち明け、同時にその件について意見を求めたのではないか。それが、木戸の言う「下問」であったのであろう。

三条はこの日、同時に前日に黒田から受けた建言書を木戸に見せたようだ。前掲の木戸の九月三日の日記に「義務をいうなら、樺太の人民を保護することに先んじるものはない」ともある。もっとも、その建言書については、木戸は黒田自身から直接受け取っていた可能性もある。

しかし一方、木戸が九月三日になって初めて西郷の朝鮮派遣の件を知ったというのはあまりに遅い感じがする。諸書でそのことが問題にされている。しかし史料上は、本人が日記にそのように書き、驚きの言葉も発しているのであるから、ともかくそれを信じるほかはない。

同じく木戸の日記の八月二一日の条によると、

「…。十一字に訪れ、西郷老人と談話数字それより駒場に至り、別邸地を巡視し、帰途、黒田開拓長官に逢い、同氏の誘引にて開拓地所の草木、牛を一見する。…。」

とある。八月二一日というと、同月十七日に閣議で西郷の朝鮮派遣が決まった四日後である。木戸が西郷訪ね「談話数字」しながら、木戸は日記に西郷派遣のことは何ひとつ書いていない。もし、木戸が『松菊木戸公伝』が言うように、八月十九日などに「征台征韓即行反対意見書」を提出していたなら、西郷派遣のことが話題にならなかったはずがない。またもし、そのことが話題になっていたなら、木戸は九月三日の日記に書いたように、何か驚きに似たことをこの日の日記に書き留めていただろう。この日も、そのことは話題に上らなかったと考えるほかはない。

ということは、木戸はやはり二一日の西郷訪問時には西郷派遣決定のことはまだ何も知らず、また、西郷も自分の派遣が決まった直後でありながら、そのことについては何もしゃべらなかったことになる。そうだとすると、西郷はいささか姑息な態度を取っていたことになる。木戸は参議であり、また、政府きっての朝鮮政策通でもあった。本来なら、木戸に相談をして協力を求めるのが筋である。西郷としては、話してもいずれ反対されると思って、何も話さなかったのだろうか。

萩原延壽(のぶとし)（二〇〇〇）は前掲の木戸の九月三日の日記について、

「木戸は愕然(がくぜん)とした様子で、こう書いている。ということはこのときまで、西郷の朝鮮派遣は、木戸の耳に伝わっていなかったわけであろう。」[43]

としつつも、この日まで「木戸が西郷の動きを察知できなかったのは、不思議というほかはない」と言い、木戸が察知できなかった理由として、「西郷は朝鮮行を熱望するだけでなく、その実現工作をきわめて隠密裡にすすめていたらし」く、

「これは西郷の側に原因があったとしか考えられない。ことによったら、西郷は自分の朝鮮行をしばらく口外するなと、三条に念を押すことさえしたかもしれない、そういう想像をかきたてられる。」[44]

と言う。妥当な「想像」に思える。

西郷が自身の朝鮮遣使を主張してそれが閣議決定されるまでの期間は、実に、西郷が三条に八月三日に建言して、八月十七日の閣議で決定されるという、半月にも満たないきわめて短いものであった。西郷は留守政府のあいだにいっきに決定に持ち込もうとしていたと推測できる。ここにも、西郷の強引でやや異様とも言える熱腸ぶりがうかがえる。

さて、話を木戸が書いた三つの史料の相互矛盾の本題に戻そう。これまでの検討からして、矛盾の一つの原因は大隈宛の書簡にある「八月三日」が「九月三日」の誤記であり、さらに、もう一つの原因は『木戸孝允文書』所収の「征韓・征台速行の反対意見書　明治六年八月」にありそうである。書状の末尾に「明治六癸酉八月」と記載があるのは、木戸が九月三日に三条から「下問」を受けたことからしておかしい。

木戸が三条から「下問」を受け、それに対していつごろ答申したかは、いくつかの史料から推察できる。

その一つは三条が九月十日付で木戸に送った書簡で、それに、

「過日答翰の節、西郷参議の朝鮮使節一件について、高慮の趣を来諭（言ってこられたこと）、ごもっともに思います。内閣の決議においてもいずれ（岩倉）大使帰朝の上、なおご評議をもって、…。」[45]

とある。ここに「過日答翰」とあるのが、三条からの「下問」に対する木戸の答申を指すものであろう。また、ここに「過日答翰の節、西郷参議の朝鮮使節一件」と書かれていることから、先に毛利が「木戸の征台征韓反対意見書は、西郷批判を念頭においていなかったというべきであり」としているのや、家近が「木戸孝允が一般論として征韓と征台にともに反対する意見書を八月中に政府に提出した」などとしているのは、どちらも間違いということになる。

木戸が三条からの「下問」に対して答申をこのころにしたことは、木戸が九月十四日付三条宛書簡の追伸で、次のように書いていることからもはっきりする。

「再白、過日、ご下問に応じて台湾朝鮮云々、巨細言上しました辺り、何とぞ当今天下の景況を偏らず御一視あそばされ、国民のためご軽動なきようお願い奉ります。」[46]

右の二つの書簡にある「過日」が、いつであったかはわからないが、二つの書簡や先に明らかにした経緯からして、それは、九月三日に「下問」を受けた日から、三条が九月十日付書簡で「過日答翰」と言う、その二、三日前の間であることになる。

つまりは、『木戸孝允文書』収録の「征韓・征台速行の反対意見書」の末尾にある「明治六癸酉八月」は、誤記か故意によるものかはわからないが、いずれにしろ虚偽ということになる。憶測になるが、『木戸孝允文書』より前に発刊されていた『松菊木戸公伝』（一九二七）が「意見書」の提出日をすでに八月十九日と特定していたために、『木戸孝允文書』（一九三一）も、それと矛盾をきたさないように「明治六癸酉八月」のような書き方をしたのではないか。

いずれにしても、木戸の「反対意見書」の提出時期を、『木戸孝允文書』の記載に従って、八月中としていろいろに推理している、先に取り上げた史学者たちの論説はいずれも空論ないしは虚偽ということになる。

さて次に、前掲の木戸の九月三日の日記にある「台湾出張朝鮮討伐」について、史学者がしている解釈を見ておこう。

佐々木克（一九九八）は、
「三条太政大臣は木戸に、西郷は『台湾出張、朝鮮討伐』を建言していると述べていた。西郷の主張は、そのように理解されていたのである。」[47]
と、そのままに捉えるのだが、毛利敏彦（一九七九）はそうではなく、「台湾出張朝鮮討伐」を次のように解釈する。
「小心で好人物の三条は、西郷の意図的な主張を真に受け、そのまま木戸に話したのではなかろうか。そこで、木戸の頭の中では、副島や上野の征韓論と西郷の使節派遣論とが混り合い、木戸もまた西郷が征韓を期しているのではと思うようになったのではなかろうか。」[48]
毛利がこのように解釈するのは、自身が西郷は征韓論を主張しておらず、それを主張したのは副島や上野などの外務省派だという説を唱えているからである。
このほか、「台湾出張朝鮮討伐建言」は木戸の誤記であろうとする史学者もいる。信夫清三郎（一九七八）は、
「三条が西郷隆盛の『台湾出張・朝鮮討伐建言』といったのは、『台湾討伐・朝鮮出張』のいいまちがいか、木戸の書き誤りであったであろうが、西郷は、八月・九月にもなお台湾への出兵を論じていたのであったか？」[49]
と言う。信夫は、三条の「いいまちがいか、木戸の書き誤りであったであろう」として、本来な

ら「台湾討伐・朝鮮出張」であるところを、「討伐」の相手と「出張」の先をあべこべに書いたのだろうと言うのである。

信夫がこのように言うのは、信夫も毛利と同じく、西郷の主張は征韓論ではなく遣使論であると唱えているためだ。[50] その場合は確かに、「朝鮮討伐」では具合が悪く、そのところは「朝鮮出張」でないといけないことになる。

同じく、坂野潤治（一九八七）もまた、

「九月三日の木戸孝允の日記に、西郷の建言を『台湾出張、朝鮮討伐』と記しているのは、『台湾征伐、朝鮮出張』の誤記か誤聞か、為にする曲解かのいずれかである。」[51]

と言う。

坂野がこう言うのは、坂野自身もやはり「朝鮮政策については、西郷は一貫して派兵論ではなく、使節派遣論であった」[52]という持論を持っているからだ。それに合わせると、やはり「朝鮮討伐」では具合が悪く、「朝鮮出張」でないといけないことになる。

日記は通常、人に見せるものではなく、また普通、書いた後で念入りに読み返したり推敲したりするものでもないので、誤字・脱字などはわりあいよくあり、また、誤記や記憶違いの記載などもある。「台湾出張朝鮮討伐」が木戸の書き間違いである可能性はある。しかし、それを言うのには、やはりそのための証拠立てや論証が必要である。それらをきちんとせずに、史学者たちが自説や自論に基づいて簡単に右のように言うのは、史料に対していささか傲慢ではないか。

そこで、信夫や坂野のあべこべ説に反論を加えておこう。

木戸は「台湾出張朝鮮討伐」に近い言葉使いを、十月十八日の日記でもしている。この日は三条が人事不省に陥った日で、木戸はそれを相当に厳しい容態として聞いたようで、日記に次のように書いている。

「三条公は篤行至誠、十一年前より国家のために艱難(かんなん)をなめ大政一新後は、朝廷の重き任じ倦(けん)色(しょく)なく喜怒を見せず。そして近来、台湾朝鮮征伐等無謀の暴論起きて、…終(つい)にここに至ったかと想像し、実に悲嘆に堪えず。」

木戸はここでは、台湾と朝鮮をひっくるめて「征伐」としている。これからすると、木戸は西郷の主張を、台湾についても朝鮮についても、同様に「征伐」を唱えるものと捉えていたことになる。このことからして、九月三日の日記にある「台湾出張朝鮮討伐」が一概にあべこべとは言えない。少なくとも、「朝鮮討伐」は間違っていないことになる。

それに、九月三日の日記に書いた「台湾出張」は、それ自体が出兵を伴う意味を持つものであったと解釈できなくもない。このときより五ヵ月余りあと、大久保が佐賀の乱の平定のために九州に卒兵西下したとき、政府は大久保に対し明治七年二月十日付で「鎮静出張」を命じている。[53] また、少し先になるが、西南戦争のときには、木戸自身日記に自分が「征討宮に従って出張し」(十年二月十八日・十九日の条)云々と書いている。これらからすれば、「台湾出張」も誤記だとは言い切れない。

毛利敏彦は、「小心で好人物の三条は、西郷の意図的な主張を真に受け」、それを聞いた木戸もまた頭のなかを混乱させ、「西郷が征韓を期しているのではと思うようになった」と言うが、実際には、三条は西郷派遣が戦争につながる可能性があると真剣に悩み、また、木戸も同様の心配をして西郷の朝鮮派遣に明確に反対している。当時の当事者たちの「小心」や「木戸の頭」の「混乱」よりも、実際のところは、そのように解釈する後世の史学者の方に問題があるのではないか。

また、信夫清三郎や坂野潤治が右のように言うのも、史料批判の一種なのかもしれないが、正当な史料批判にはなっていない。史料を自説に合わせて読み取ろうとする態度ばかりが旺盛で、史料に対する真摯さに欠け、むしろ傲慢と言える。

## 四　宮島誠一郎日記から

幕末・維新期の史料で、日記をもとにして後に編纂されたものとして、佐佐木高行の『保古飛呂比』（一九七〇―七九刊行）[54]や宮島誠一郎の『国憲編纂起原』（一八八〇年編纂、一九〇五年私刊）がある。ともに史学者によってよく使われる史料であるが、誤用されているケースも少なくない。ここでは『国憲編纂起原』を取り上げ、それの史料上の問題点について見ておきたい。

『国憲編纂起原』は、留守政府で当時、左院議官の職にあった宮島誠一郎が岩倉具視の求めに応

じ、明治十四年五月に「抄録書」[55]として提出したもので、そのことについて宮島はそれの前書きで、

「去る五、六年ごろ閣下欧州ご派出お留守中、廟堂の形勢、国憲編纂起原に属する部分、小子私記（日記、書簡類）中より抄出、日月を掲げ写し取りました。」[56]

と記している。

そして、さらにその後、明治三八年になって、その「抄録書」を当時の憲法制定研究を背景にして、

「当時（明治五、六年ごろ）の事情に至っては、世に知られていることは少ない。よって今、これを公（おおやけ）にし、いささか国憲起原を推究するための用に資そうとする。」[57]

として、新たに『国憲編纂起原』として私刊したと言う。[58] 自身の当時の日記や往来書簡をもとに、後に編集・編纂したものの典型的な事例である。

さて、この『国憲編纂起原』に、明治六年の出来事を記す一連の記事のなかで次のような記載がある。

「九月五日大久保より（次の）書簡来る。

『…過日はご光臨くだされ、お残し置きの紙面を拝見しました。明六日お差しつかえなければ、第四時よりご入来下されたくお願いします。先日より種々多忙にて、返答しなければならない

ところ引き延ばし大失敬、ご高量願います。』

右につき、六日午後より参り内務新設のことを論じる。このことは昨年同氏が中途帰朝（五年三月から五月にかけて大久保は伊藤博文とともにアメリカから一時帰国している）の折、結約していたことで、当時、（「内務新設」の）建白書は再度の洋行から帰朝の日まで見合わせてくれるよう約束につき、この段（六年のこのとき）、同氏に取扱いするよう願い、同氏大奮発、きっと担当してご評議に及ぶようにすると決答あり。

かつ、富山（山）の雪を掬い、琵琶湖の月を観、住吉の松を助ける云々の佳話あり〔松の話は名歌あり〕。」[59]

ここで宮島は、自分が明治六年九月五日に大久保利通から書簡を受け、翌「六日午後より」大久保のところに行って「内務新設のことを論じ」たとし、そうなった経緯とそのときに大久保から聞いた話を記している。

ここで問題になるのは、宮島が大久保から書簡を受け、六年九月六日に大久保と会ったと書いているところである。なぜなら、大久保はこの九月の上旬というのは関西遊覧旅行中で、宮島が大久保に会えるとは思えないからだ。遊覧旅行中であるのに、大久保が「過日はご光臨くだされ」と書いているのや、「先日より種々多忙にて」などと書いているのもおかしい。つまりは、宮島が「九月五日大久保より書簡来る」として、六年の九月の「六日午後より参り内務新設のことを論じる」としているのは、何かの間違いではないかと思われるのである。

そこでまず、このときの大久保の遊覧旅行について簡単に見ておきたい。この旅行は、本章二節で見た八月十五日付村田新八・大山巌両名宛の書簡で、

「一同（岩倉使節団）手の揃うのを待っている」、「役者もそろい秋風白雲の節に至れば、元気も復して見るべき開場もあると思う」と書いて、そのあとすぐに東京を発ったものである。

この旅行について、毛利敏彦（一九七八）は、

「以上の各史料から総合的に判断すれば、帰国後の大久保の心境は、国政改革の意欲に溢れていた云々…というにはほど遠く、むしろ失望落胆し意気消沈していたとみるのが自然なのではなかろうか。したがって、大蔵卿の職務にも復帰せず、逃避的な関西観光にでかけたのであろう。」[60]

と言う。

しかし一方、作家の司馬遼太郎は歴史小説『歳月』（一九六九）で、むしろ毛利とは逆で、

「この大久保の遊覧旅行ほど、かれの生涯を通じて重要な政治行動はなかったであろう。」[61]

と、いくらか修辞的に述べている。

さて、『明治天皇紀』の六年八月十八日の条に、

「関西地方巡遊の途次、天機（天皇のご機嫌）を候せる（うかがう）大蔵卿大久保利通に謁（面会）を賜う。」[62]

とあるから、大久保は村田・大山両名宛書簡を発送したあとすぐに東京を発ったことになる。

そして、興味深いことには、同じく『明治天皇紀』には、前章一節で引いたように、その翌八月十九日の条に、

「十九日、太政大臣三条実美、公暇を得たるをもって箱根底倉温泉場に到り、…、二三日まで底倉に滞在し、日々参謁す。その際、閣議において決せる朝鮮国遣使の件につきて聖断を仰ぐ。」

とある。

この時期、大久保と三条が示し合わせて箱根に来たとは考えにくいが、ともに同時期に天皇の行在所（あんざいしょ）を訪ね、箱根で数日滞在したのは間違いない。となると、そのふたりが箱根で会っていないとはまず考えにくい。大久保は宮内少輔の吉井友実らを通じて天皇の様子を聞いていたはずで、三条が箱根に来ることも聞いていていた可能性が高い。

大久保と三条が箱根で出会ったという推理は、これまでなされたことはないようだが、筆者としてはその想像に駆られる。ふたりがこのとき出会っていたなら、おそらく大久保は直接、三条の口から西郷朝鮮遣使決定に至るいきさつを聞いたはずであるし、また、三条が天皇に上奏した内容について聞いたとも想像できるからだ。もしかすると、会った時期によっては、大久保がその上奏内容に影響を与えていた可能性もある。そうであれば、大久保は三条からそれらを聞いた上で、そこから関西方面に旅立ったことになる。

となると、どうやら、毛利が「以上の各史料から総合的に判断すれば」として推理した、「意気消沈して」出かけた「逃避的な関西観光」というのよりは、司馬が感覚的に推察した「この大久保の遊覧旅行ほど、…重要な政治行動はなかった」としたものの方が事実に即しているように思える。

その一つの証しが、下で取り上げる九月十九日付の岩倉の大久保宛書簡である。

さて次に、大久保の関西旅行からの帰京時期であるが、これについては、勝田孫弥が『大久保利通伝』(一九一一)で九月二一日として以来、『大久保利通文書』第五巻(一九二八)の解説文がそれに従い[63]、近年でも「大久保利通」を表題に掲げる、佐々木克『大久保利通と明治維新』(一九九八)[64]、勝田政治『〈政事家〉大久保利通』(二〇〇三)[65]、笠原英彦『大久保利通』(二〇〇五)[66]のいずれもが九月二一日としている。

しかし、何を根拠に、このように大久保利通研究者がそろって帰京の日を二一日とするのかはよくわからない。伊藤博文が岩倉に二三日付で送った書簡で、

「私も昨日(二三日、大久保宅を)訪ねましたが、折から来客もあり、…。」[67]

と書いており、このあたりから推定しているのだろうか。

しかし、大久保は九月十九日には帰京していたと推定できる史料が複数ある。その一つは『大久保利通関係文書』第一巻(一九六五)に「明治六年九月十九日」付として収録されている次の岩倉の大久保宛書簡である。

「ただ今、来人中で略答します。何も承(うけたまわ)ってはいますが(原文は何も承候得共)[68]、なかなか難しく思います上、誠に一大事と存じますので、小子(私)足下(あなた)に出会うまでは書状の旨いっさいお話なきよう存じます。今夕は是非々々、面上(面会の上)承り申します。

九　十九　　　　　　　　　　　　　　　　　具視

大久保殿

請　　　　　　　　　　　　　　　　　」[69]

この書簡は大久保から「書状」が届いて、岩倉がそれに返書したもので、日付の「九　十九」は岩倉が親しい相手に、時々するものである。九月十三日に帰国して間もない岩倉が東京にいて、大久保から書簡を受け、その大久保に「今夕」会いたいと書いているのだから、大久保は九月十九日には東京にいたことになろう。

さらに岩倉は、この書簡で「誠に一大事」や「出会うまでは書状の旨いっさいお話なきよう」などと書いていることからして、大久保からただならぬことを聞いたことになろう。岩倉は帰国して二日後の十五日には三条と面談し、当面の政治課題のことはいちおうは聞いている。しかし、この書簡の文面からして、岩倉はこのとき、三条からは聞いていなかったようなことを大久保から聞いたように読める。

そしてここからは、筆者が先に大久保が八月十八日に箱根に行き、その滞在中に三条に会ったのではないかと推理した、その続きの推理になる。大久保はこのとき、岩倉の帰国を待って最初に送った「書状」で、箱根で三条から聞いた西郷朝鮮派遣決議のこと、ないしはその上奏の件を岩倉に伝えたのではないか。右の岩倉の返書に見られる物々しさは、そのような想像を掻き立てる。実際、このあと、西郷朝鮮遣使問題が廟堂を揺るがす大事件に発展する。

大久保の帰京時期に話をもどす。もう一つ、大久保が九月十九日に帰京していたと推測できる史料がある。それは、五代友厚が東京から帰坂して、九月三日付で大隈重信に送った次の書簡である。大久保は関西遊覧旅行をするのに、大坂の五代の邸宅か別邸あたりを拠点にしていたようである。

「拝啓。出立の折には遠い所までお出まし頂き恐縮至極でございます。それより海上は平穏で、二六日未明神戸に着き、無事、ご放念願います。さて、大久保も無事、明日（九月四日）より宇治および石山辺に遊行のはずで、帰坂の上、またまた高野山および紀州和歌浦の辺に内遊のはず。ついては、来る十一日には帰京おぼつかないようです。もっとも、兼ねて形勢を推考しているところ、むつかしい東京よりも、京攝（けいせつ）の間にのがれているように見受けます。大使帰朝までは、こちらの方で遊んでいる模様です。大使帰朝になれば、電信をもって、お呼び帰しになるようで、ご注目下さい。（中略）

十一日の便で登京せずとも、十八日の便には帰京しますればその内に尊意を得るつもりです。」[70]

岩倉が帰国すれば、「お呼び帰しになるようで、ご注目下さい」と書き、また、それまでは「こちらの方で遊んでいる模様です」と大隈に伝えている。

五代が書いている「十八日の便」に乗れば、十九日には東京に着くことになる。この書簡からも、大久保は九月十九日に東京に戻っていた可能性が高い。

これらのほか、黒田清隆の次の九月二十日付大久保宛書簡からも、大久保は二十日には帰京していたと推定できる。[71]

「本日頃はご帰館になっていることと鄙書拝啓致します。先ずもってますますご清勝あらせられ恭賀申し上げます。陳ば（申しますと）、至急拝謁面唔（面談）したき義あり、ご都合宜しければ明二一日早朝参殿したく、…」

黒田は九月二十日に「本日頃はご帰館」と書き、「至急拝謁面唔した」く、「明二一日早朝参殿」したいと伝えている。おそらく、黒田はこのあと二一日早朝に大久保に会い、自身が九月二日に三条太政大臣に提出した樺太派兵建言書やその後の経過について詳しく説明するとともに、この日、開催される西郷を含む薩摩出身の武官たちの会合についても、大久保に意見を求めたはずである。この会合については、第四章四節で述べる。

以上、大久保の帰京が九月二十日以前であること示す複数の一次史料があるにもかかわらず、大久保の研究者たちがどうして、そろいもそろって大久保の帰京を九月二一日とするのだろうか。右のいずれの史料にも注意を向けず、ただ、勝田孫弥『大久保利通伝』（一九一一）や『大久保利通文書』第五巻（一九二八）の解説文が言う九月二一日説を踏襲しているのではないか。史学者の無批判な踏襲癖がここにもよく表れている。

しかもそれによって、岩倉帰国後の政局の転換にとって重要であったはずの、十九日の大久保と岩倉の「誠に一大事」の件についての会談や、黒田が伝えた「明二一日早朝」の大久保・黒田会談などに何ら関心を向けない結果にもなっている。

大久保は先に見た村田・大山宛書簡では、「役者もそろい秋風白雲の節に至れば、元気も復して見るべき開場もあると思う」と書いていたが、帰京後直ちにその活動を始めたことになる。と言うよりは、岩倉からの連絡を待って、満を持して帰京してきたとも言えそうである。実に、このあと一ヵ月少々で、維新以来の明治政府が大分裂を起こすことを思えば、司馬遼太郎が「この大久保の遊覧旅行ほど、かれの生涯を通じて重要な政治行動はなかったであろう」と書いているのも、それほど大げさな文飾にはならないようだ。

さてここで本題にもどる。大久保は右の五代の大隈宛書簡でもわかるように、「大使帰朝までは、こちらの方で遊んでいる模様」で、九月上旬にはまだ関西遊覧中であった。『国憲編纂起原』で宮島が、大久保から九月五日に書簡が来て「六日午後より参り内務新設のことを論じる」と書いているのは、何かによる間違いであると断定してまず問題はない。

五代の大隈宛書簡によると、大久保は九月三日の時点ではまだ、「明日より宇治」方面に行って、いったん「帰坂の上、またまた高野山および紀州和歌浦の辺に内遊のはず」であるから、宮島が九月五、六日ごろの大久保の所在などわかるはずがない。宮島が大久保に会って聞いた話として書いている「住吉の松を助ける云々の佳話あり」などは、大久保がこれから行こうとしているところの話である。

どうしてこのような間違いが生じたのかはよくわからない。推測すれば、要するに、『国憲編纂起原』の前掲の記載をするときに、宮島が別の時期に受け取っていた大久保からの書簡（筆者の推定では、多分、明治二年九月五日）の取り扱いを間違って、このときのものとしてここに採り込んだ結果、生じている間違いではないかと思われる。[72]

なお、この宮島の記載が間違いであることは、史学者の誰もが前述のように、大久保の帰京を九月二一日としているのだから、それからしても、大久保から九月五日に宮島に書簡が届いて翌六日に二人が会えるはずなどなく、普通ならおかしいと気付かねばならないところだ。しかし、どうもそうはならないようだ。誰もが大久保の帰京を九月二一日とする一方、『国憲編纂起原』の記載についてはまた、そのままに信用し、それぞれに自論を展開している。やや信じがたいことだ。

大久保利謙（一九七二）は『国憲編纂起原』の前掲の記載に注目して、

「九月六日、午後から宮島は大久保を訪問して、内務省新説のことを談じた。…。

これは重大記事であるが、日記では『今日午後より大久保に参り話す』と簡単な記事にとどまる。…。

あいにくこの間の大久保の日記も欠けており、『宮島日記』にもその間のことを推すべき記事がない。」[73]

と言う。大久保利謙はこの「内務省新説」の記述を「重大記事であるが」云々としながらも、やはり、宮島が「九月六日」に大久保に会えるはずがないことなどについては、いっこうに疑ってはいないようだ。

家近良樹（一九八一）もまた、『国憲編纂起原』の前掲の記載を参照して、

「このこと（大久保が宮島の内務省設置の建白に反対ではなかったこと）は、一八七三年（明治六）九月六日に、宮島から右の約束の履行をせまられた時に、大久保が積極的な言辞を宮島に与え、それがひいては彼の内務省設置への動きにつながることからわかる。」[74]

と言い、勝田政治（一九八九）もまた、

「大久保は岩倉帰国一週間前の九月六日、宮島との会談で内務省設立意図を明らかにしている。」[75]

として、まったく何の躊躇もなく、宮島の前掲の『国憲編纂起原』の記載をそのままに信用している。勝田は自著で、先述のように、大久保の関西旅行から帰京した日を「九月二一日」と書いている一人でもある。[76]

さて、上述のようなことから、宮島の『国憲編纂起原』にはその信頼性に疑問符が入るのであるが、さらに、根本的な問題として、それの編纂のもとになっている宮島誠一郎の日記そのものに問題があるようである。

松浦玲は「宮島誠一郎日記」について、

「ただし後日に整理したものもあり、宮島自身の記述が食違う場合がごく稀にだが見られるの

で注意が必要である。」[77]

とし、また、大久保利謙は宮島の「壬申（明治五年）日記抜萃」についてであるが、

「これは前記のように、どうも明治五年当時に書いたものでなく、のちに何かの必要から内務省設置建議一件関係の記事を日記から「抜萃」編輯（へんしゅう）したものとしか考えられない。」[78]

と言う。

つまり、「宮島誠一郎日記」は「日記」とは称されるものの、当該時期に記したそのものではなく、後日に編集したものだと言うのである。

一般に『〇〇日記』として公刊されているものでも、実際のところは、公刊に際して、本人や編者が添削等、手を加えたものがあり、また、日記と言っても、毎日付けているのではなく、何日間かのメモ書きや記憶をたどってまとめ書きをしたものが少なからずあり、それらはそれで、それぞれに問題なのだが、宮島の日記にはそれら以上の問題がありそうである。

大久保利謙は、宮島の「壬申（明治五年）日記抜萃」については右のように言うのだが、「養浩堂日録明治六年葵酉」については、

「これは前掲の『壬申日記抜萃』とちがって、六年当時、日々書いた本当の日記である。」[79]

と言う。

そして、大久保はその「養浩堂日録明治六年葵酉」の「（宮島の）自筆の原本」から、六年十月一日から十月二三日までの条を引いて、写真付きで自著に掲載している。[80]ところが、それがどういうわけか、筆者には明治六年の日記とはとても思えないのである。

その大久保の掲載しているところから、筆者が明らかに、六年十月の出来事ではないと思うところのみを下に引き出す。

十一日　由利（公正）へ参り事情相談じ、安場保和と一会の義を托す。

十三日　由利を大蔵（卿）に任ずる云々、後藤（象二郎）に談じ、この義、高崎（正風）と相謀り大久保に談話云々。

十四日　高崎今朝、大久保へ参り由利の議相談じ候由、同意云々。[81]

ここに書かれている事柄は、どれも、大久保利通大蔵卿が明治四年十一月に岩倉使節団で渡航する前月の十月に起きたことばかりである。右に出てくる安場保和は四年当時大蔵大丞の職に就いていて、その安場を中心に、大久保の留守中の大蔵卿に由利公正を据える運動が起き、その運動に当時左院にいた宮島や後藤象二郎や高崎正風らが加わっていた。明治四年十月にそういう運動があったことは、多くの史料で確認できるが、ここでは大久保利通の四年十月五日の日記にある次の記述を取り上げておこう。

「午後二字西郷子（氏）へ訪ね、大蔵省中段々議論あり、それ安場子よりの論のことにつき示談と承り即、小生、安場子を訪ね談合に及び、三岡（由利の前名）云々示談。」

ここにある「安場子を訪ね談合に及び、三岡云々示談」が、右の宮島の日記にある「十三日　由利の大蔵に任ずる云々」につながる。

また、右で「十四日　高崎今朝、大久保へ参り由利の議を談じた由」とあるが、六年の十月十四日というのは、西郷朝鮮遣使を評議する閣議があった日で、西郷と大久保が対決した日である。そんな日に、大久保が高崎と「由利の議相談じ候」はずはない。事実、高崎は六年のこの時期は左院使節団の一員として渡欧中で日本にはいない。

どうして、宮島の史料に精通し、また、大久保利通について最もよく知る立場にいる（大久保利通の直系で孫に当たる）史学者の大久保利謙が、右のようなことを書くのか信じがたい。

そして、さらに信じがたいことは、大久保利謙がこの論文を最初に発表したのは一九七一年であるが、[82]管見ではこの間違いを指摘しているものに接していないことである。もしかすると、筆者の方がどこかで錯誤ないしはとんでもない過誤を犯しているのかもしれない。その場合は大変なお叱りを受けることになる。

ともあれ、右のようなことからして、「養浩堂日録明治六年葵酉」もまた、「六年当時、日々書いた本当の日記である」のではなく、宮島が後年に編集したものであり、また、他の年のものが紛れ込んだまがい物だと断定してよい。無論、多くにこういうことがあるとは思えないが、「養浩堂日録明治六年葵酉」もまた、全体としては正当に日記と呼べるものではない。

しかし、『大久保利通』（二〇〇五）の著者でもある笠原英彦は（二〇一〇）は、

「留守政府期における省庁再編の目玉は何と言っても、内務省設立構想である。」

として、

「先行研究として注目されるのは、大久保利謙氏の代表的研究〔『明治国家の形成』〕と勝田氏の前掲論文がある。大久保氏は内務省の設立をめぐる豊富な史料を発掘し、勝田氏はそれを意義付けている。」[83]

と言う。確かに、大久保利謙の『明治国家の形成』（一九八六）や勝田政治の論文「内務省の設立」（一九八九）は立派な業績であるとは思うが、前述のようなことからすれば史料の扱い方や読み取り方がいい加減である。それらに照らせば、笠原の評価もどうかと思う。

いくぶんかは筆者の方に錯誤や思い込みがあるのかもしれないが、この分野の史学者の言うことには、筆者としては信じがたいことが多い。異次元の世界に迷い込んできたような気分である。

注

1 『西郷隆盛全集』第五巻、大和書房、一九七九年、五一四頁。

2 『西郷隆盛全集』第一巻、大和書房、一九七六年、三九四頁。

3 佐々木克『幕末政治と薩摩藩』、吉川弘文館、二〇〇四年、三〇三頁や、佐々木克『幕末史』、ちくま新書、二〇一四年、一六四―一六五頁、それに、落合弘樹『西郷隆盛と士族』吉川弘文館、二〇〇五年、一一六頁や、落合弘樹『西南戦争と西郷隆盛』、吉川弘文館、二〇一三年、五五頁、などに見られる。なお、『海舟日記』には、日付の間違いが時にあるとされているが、この日については問題はないようだ。

4 ここに掲載したものは明治四年のものである。厳密に見ると、字面上は四年のものが「致す」となっているところが六年のものでは「いたす」となり、また、四年のものが「罷り出候」となっているところが六年のものでは「罷り登り候」となっている。

5 『南洲先生遺墨集』、一七頁。もっとも、「明治三四年頃」のうち三年は、西郷は東京にいたことはないので、三条邸に急に「参殿」することはできない。
6 笠原英彦『大久保利通』、吉川弘文館、二〇〇五年、一二六頁。
7 勝田政治「征韓論政変と大久保利通」、『国士舘史学』一五、二〇一一年、四頁。
8 西郷は「参殿」と「参朝」あるいは「出仕」という用語を使い分けているように思われる。一般に「参朝」あるいは「出仕」が閣議等に出ることを意味している。たとえば、七月二九日付板垣宛書簡では「参朝」を閣議に出る意味に使い、八月十七日付板垣宛書簡では「参殿」を三条邸に行く意味に使っている。
9 家近良樹『西郷隆盛―人を相手にせず、天を相手にせよ―』、ミネルヴァ書房、二〇一七年、三九七頁。
10 同上書、一四一―一四二頁。
11 同上書、一四五頁。
12 松尾千歳『西郷隆盛と薩摩』、吉川弘文館、二〇一四年、三三頁。
13 家近良樹、前掲書、六九頁。
14 『伝統と現代』四七号、一九七七年。引用は橋川文三『西郷隆盛紀行』一九八五年、二九―三〇頁。
15 海音寺潮五郎『西郷隆盛（新装版）』第二巻、朝日新聞社、二〇〇七年、二九八頁。
16 『大久保利通文書』第二巻、東京大学出版会、一九二七年、二一七頁。
17 『徳川慶喜公伝』史料篇二、覆刻版（もとは一九一八年）、東京大学出版会、一九七五年、二二〇―二二一頁。
18 同上書、史料篇三、二七一頁。
19 前掲『大久保利通文書』、二七頁。
20 『大久保利通文書』第四巻、東京大学出版会、一九二七年、五二一―五二三頁。
21 同上書、五二三―五二四頁。
22 姜範錫『征韓論政変―明治六年の権力闘争―』、サイマル出版会、一九九〇年、六―七頁参照。
23 明治六年に東京・長崎間に回線が敷設されて、東京とヨーロッパを結ぶ電信が可能になっていたが、朝鮮とはまだ通じていない。呼子（現・唐津市呼子）―壱岐―対馬―釜山間に海底ケーブルの敷設が完了したのは明治十六年である。
24 落合弘樹、前掲書（二〇〇五）、一八三―一八四頁。
25 勝田政治、前掲書、三頁。

26　いくぶん推測が入るが、前節で取り上げた笠原英彦（二〇〇五）の解釈なども、その記述の文意からしてこの間違いをしているようだ。

27　徳富猪一郎『近世日本国民史（征韓論前篇）』、近世日本国民史刊行会、一九六一年、二四〇頁。

28　毛利敏彦『明治六年政変』中公新書、一九七九年、一四〇と一四一頁。なお、これ以前の『明治六年政変の研究』（一九七八）では「征韓論云々でなく、主として大蔵省問題であったとみて間違いなかろう（その他に徴兵反対などの農民暴動関係か）」としている（一六〇頁）。

29　毛利敏彦『明治六年政変の研究』、有斐閣、一九七八年、一六〇頁。毛利はこの新聞記事の調査から、「国家の事」云々が西郷の朝鮮派遣問題を指すものでないことを立証するほかに、大久保が書簡を書いている相手が村田と大山であり、そのふたりと西郷との関係からも、「国家の事」云々が西郷の朝鮮派遣問題を指すものでないことを論じている。この件に関しては、筆者も同様の見解を述べた。

　もっとも、毛利は「大久保は、朝鮮使節派遣問題に反対していないし、むしろそれにはあまり関心を持っていなかった」と言うが、筆者は、この時点では大久保はまだ、関心を持ったり反対したりするだけの情報を持ち合わせていなかったと考えている。

30　西郷の朝鮮遣使問題が新聞紙上の記事に出るようになったのは、八月などより遅く十月の政変以後のことである。そのことを、簡便にではあるが、『新聞集成明治編年史』第二巻に掲載の新聞記事で見ておく。

　征韓論に関連する記事があるのは八月以降十月中までの間で二件である。ひとつは、九月十四日付東京日日新聞が「属国朝鮮の征伐を支邦へ交渉」という見出しで、香港紙が伝える記事を掲載し、そのもとに「朝鮮は日本の属国なることを知らざるは、いまだ日本史を読まざるの過ちなり」と結ぶ記事があり、もうひとつは、十月の『新聞雑誌』一五七号が「暴慢無礼の朝鮮伐つべし」の見出しのものである。

　前者の香港紙が伝える記事を紹介するものは、一般的な朝鮮属国論を言うもので、特段にこの時期の時事問題に関係するものではない。後者の『新聞雑誌』の記事は、この時の朝鮮問題に関連した記事で、これが十月の政変直後に最初に出たものである。しかし、ここでも、副島種臣清国派遣大使が台湾・朝鮮問題の交渉に当たったことなどを論じているだけで、西郷の朝鮮遣使の主張やそれによって廟堂に紛糾が起きたことなどは報じていない。

　西郷らが下野したあと、板垣・副島らの辞任と新政権の顔ぶれなどが新聞紙上でも掲載されているが、西郷については辞任の記事も出ていない。政変後に岩倉太政大臣攝行が取った処置からしても、西郷の辞任（参議と近衛都督辞任、陸軍大将の辞表は却下）については世に与える影響が大きく、他の者と別扱いになって、一定期間、発表が抑えられたと見られる。

なお、後者の『新聞雑誌』記事の中で、

「去年、廟堂すでに一挙討伐の議に決定せられた由であるが、その後何らの旨趣なのか、識者黙然として一言辞あらず。」と書かれている部分があるが、「去年」のそれが何を指しているのかはわからない。記事も「由」と書き、「その後何らの旨趣なのか、識者黙然として一言辞あらず」（『新聞集成明治編年史』第二巻、八四頁）とある。いずれにしても、この記事はむしろ、新聞社さえ、十月の征韓論争や西郷の主張を政変後もすぐにはまだつかみ得ていなかったことを物語っている。

31 このことは、西郷が閣議のあった八月十七日早朝に板垣に送った書簡でわかる。それには、前夜三条邸で話した結果と板垣に最後の尽力を求める言葉が書かれている。なお、西郷自身はこの閣議は自分のことを決める閣議ということで欠席している。

32 宮島誠一郎『国憲編纂起原』、一九〇五年、『明治文化全集』第四巻、憲政篇、一九二八年、三五五頁、参照。

33 田村貞雄「『征韓論』政変の史料批判―毛利敏彦説批判―」、『歴史学研究』第六二五号、一九九一年、二一―二二頁。この論文は、田村貞夫編『幕末維新論集8　形成期の明治国家』、吉川弘文館、二〇〇一年、にも収録されている（二九七―三二一頁）。

34 福地惇『明治新政権の権力構造』、吉川弘文館、一九九六年、一七一頁。なお、この記述のある論文の初出は一九九三年。

35 『木戸孝允文書』第八巻、東京大学出版会、一九三一年、一二九―一三三頁。

36 『松菊木戸公伝』下、覆刻版（もとは一九二七年）、マツノ書店、一九九六年、「木戸孝允公年譜（其四）」一頁。

37 なお、細かいことだが、木戸の日記の日付の入れ方は、各月の第一日を「〇月朔日」と表記し、そのあとは「同二日」、「同三日」と続けるのを常とするが、この九月の三日に限って「同三日」とせずに「九月三日」と書いている。少し気になるところではある。後に木戸自身ないしは誰かが手を入れた可能性がある。

38 毛利敏彦、前掲書（一九七九）、一四四頁と一四五頁。

39 家近良樹『西郷隆盛と幕末維新の政局―体調不良問題から見た薩長同盟・征韓論政変―』、ミネルヴァ書房、二〇一一年、三三五頁。

40 同上書、三七頁。
41 徳富猪一郎『近世日本国民史（征韓論後篇）』、近世日本国民史刊行会、一九六一年、三六一頁
42 『大隈重信関係文書』第二巻、覆刻版（もとは一九三三年）、東京大学出版会、一九七〇年、一九五頁。この木戸の大隈宛書簡は、『木戸孝允文書』第八巻（三六〇—三六二頁）や『木戸孝允遺文集』（一一六—一一七頁）にも収録されているが、それらはまったく同文で、いずれでも「八月三日」になっている。なお、この木戸書簡の趣旨は、京都府参事槇村正直の拘留に木戸が憤慨して、参議の大隈に速やかに槇村の拘留を解くよう働き掛けてほしいと依頼するもので、そのことは書簡では引用箇所の後ろに書いてある。
43 萩原延寿『大分裂：遠い崖—アーネスト・サトウ日記抄10』、朝日新聞社、二〇〇〇年、一八五頁。
44 同上書、一八七頁と一八八頁。
45 『木戸孝允関係文書』第四巻、東京大学出版会、二〇〇九年、一六四頁。
46 『木戸孝允文書』第五巻、東京大学出版会、一九三〇年、三七頁。
47 佐々木克『大久保利通と明治維新』、吉川弘文館、一九九八年、一七二頁。
48 毛利敏彦、前掲書（一九七九）、一四六頁。
49 信夫清三郎『日本政治史Ⅱ』、南窓社、一九七八年、三六九頁。
50 同上書で信夫は、「西郷は『征韓』を主張せず、使節としてでかける場合にも万一にそなえた軍事上の準備をすることを要求しなかった」、「西郷の当面の主張は、遣使であって『征韓』ではなかった」としている（三八五頁）。
51 坂野潤治「明治政権の確立」、井上光貞他編『日本歴史大系　第四巻近代Ⅰ　明治国家の成立』、山川出版社、一九八七年、三二〇頁。
52 同上書、三二〇頁。
53 『大久保利通文書』第五巻、東京大学出版会、一九二八年、三六五頁。
54 『保古飛呂比』は東京大学史料編纂所にその写本が天保元年から明治十六年までのものがのこっていて、同編纂書がそれらを『保古飛呂比—佐佐木高行日記—』（一九七〇—七九）全十二冊として刊行している。『保古飛呂比』は全体として佐佐木が当時に受けた来簡や後の佐佐木の述懐も取り込んで編集した佐佐木高行の伝記史料であるが、東京大学史料編纂所が「佐佐木高行日記」と副題を付けたこともあって、史学者も、もとからこれを日記として使用して誤用する人が少なくない。

55　岩倉が宮島から受けた文書に対して、岩倉が十四年六月九日付の返礼の書簡で使っている言葉。
56　宮島誠一郎、前掲書、三四五頁。
57　同上書、三五九頁。
58　大久保利謙「研究余禄　宮島誠一郎とそのにっき（一）」『日本歴史』三〇〇号、一九七三年、一九〇―一九四頁、参照。最近のものでは、由井正臣編『幕末維新期の情報活動と政治構想―宮島誠一郎研究―』、梓出版社、二〇〇四年、にある梅森直之「『国憲編纂起原』再読」に詳しい。
59　宮島誠一郎、前掲書、三五五頁。
60　毛利敏彦、前掲書（一九七八）、一五五頁。なお、毛利がここで言う「各史料」の一つで、毛利は「外遊の結果を『大敗北』と自認している。同じ薩摩藩出身である大久保と五代との親密な関係から推定して、これは大久保の本音とみて間違いなかろう」と解釈しているが、これは毛利の史料の誤読によるもので、その誤読については、早くに佐々木克が指摘して、大久保の「大失敗」というのは「単に五代から受けた金の投資による失敗に関するものであったとし（佐々木克「毛利敏彦著『明治六年政変の研究』」、『日本史研究』二一四号、一九八〇年、七六―七七頁。）、後に毛利もその誤り認めている（毛利敏彦「佐々木克氏の拙著『明治六年政変の研究』書評に答える」、『日本史研究』二一九号、一九八〇年、八八頁）。
61　『歳月』は、当初一九六八年から翌年にかけて雑誌に「英雄たちの神話」という表題で連載した歴史小説で、その完結後、表題を『歳月』に改めて単行本にされた。引用は『司馬遼太郎全集　第二三巻』文芸春秋社、一九七二年、三九六―四一六頁による。
62　『明治天皇紀』第三巻、吉川弘文館、一九六九年、一一九頁。
63　勝田孫弥『大久保利通伝』下巻、覆刻版（もとは一九一一年）、一九七〇年、九四頁、と『大久保利通文書』第五巻、二二頁。
64　一七四頁。
65　一四〇頁。
66　一三〇頁。
67　『岩倉具視関係文書』第五巻、東京大学出版会、一九三一年、三三五頁。
68　ここにある「何も承っていますが（原文では、何も承候得共）」というのは、三条太政大臣から聞いたことを指していると思われるが、「何も」という言い方からすると、もしかすると、それに続く「承っていますが」は「承っていませんが」の誤記ではないかと思われる。なお、筆者はこれの原本を確かめているわけではない。

69 『大久保利通関係文書』第一巻、吉川弘文館、一九六五年、二九九―三〇〇頁。

70 前掲『大隈重信関係文書』第二巻、一七八―一七九頁。

71 『大久保利通関係文書』第三巻、吉川弘文館、一九六八年、三四頁。なお、この黒田書簡は『大久保利通関係文書』では年代不明のところに収録されている。しかし、筆者はその内容から、六年のものと判断して間違いないと思う（前著B第一章四節参照）。

72 川道麟太郎、同上書、同所参照。

73 大久保利謙『明治国家の形成　大久保利謙歴史著作集2』、吉川弘文館、一九八六年、二二三頁。なお、この部分の論文の初出は一九七一年である。

74 家近良樹「『明治六年政変』と大久保利通の政治的意図―毛利敏彦説にたいする疑問―」、『日本史研究』第二三二号、一九八一年、四三頁。

75 勝田政治「内務省の設立」、『日本史研究』三三七号、一九八九年、五五頁。

76 勝田政治は『〈政治家〉大久保利通』（二〇〇三）のほか、近著『大久保利通と東アジア』（二〇一六）三五頁でも大久保利通の帰京日を九月二一日としている。

77 松浦玲『勝海舟と西郷隆盛』、岩波新書、二〇一一年、二一八頁。

78 大久保利謙、前掲書（一九八六）、一九〇頁。

79 同上書、二五九―二六〇頁。

80 同上書、二一八―二二一頁に掲載。

81 同上書、同頁より引用。

82 同上書、三九八頁参照。

83 笠原英彦『明治留守政府』、慶應義塾大学出版会、二〇一〇年、一五九頁。

# 第三章　二次史料の不実とその踏襲

前章では史料集に収録されている一次史料について、それらが伝えられ、また、使われる過程で起きている問題について見たが、本章では二次史料に関して同様のことを見ていく。西郷隆盛論でよく使われる二次史料に、『西郷隆盛伝』、『西南記伝』、『大西郷全集』それに『岩倉公実記』や『明治天皇紀』などがある。多くは伝記で、その人物を称揚するものになっている。そのため、その人物にとって不都合なことは書かれず、時には史実が歪められていることもある。

ここでは、大久保利通・黒田清隆の宮中工作として有名になった「一の秘策」の内容の解明とそれに関する史学者の論説を問題にするため、特に「一の秘策」実行前後の岩倉と宮廷の動きに関して叙述がある『岩倉公実記』と『明治天皇紀』を取り上げ、それらの叙述部分の信憑(しんぴょう)性に検討を加える。

本章の記述の順序としては、最初に「一の秘策」の概略を述べ、次に右記二書の叙述の信憑性を検討し、最後にもう一度「一の秘策」にもどって、史学者のそれについての論説に批判を加える。

## 一　「一の秘策」

「一の秘策」は、太政大臣三条が明治六年の十月十八日早暁に突然劇疾を発し執務不能に陥った間に、宮中に向けて講じられた工作で、最終的には、太政大臣攝行（せっこう）に就いた岩倉が三条による十月十五日の閣議での裁断とは異なる上奏をして、西郷の朝鮮派遣を阻止した策謀を指す。しかし「秘策」であるため、やはり、完全にその内容を把握することは難しく、それについてはいろいろな推測がある。

その工作が「一の秘策」と呼ばれるのは、大久保利通の明治六年十月十九日の日記に、「他に挽回の策なしといえども、只一の秘策あり」と書かれていることによる。その日の日記は次のようである。

「今日十二時過ぎ、条公御病気お見舞いとして参上。詳しくご様子を承った。全精神錯乱のご様子。しかし、今日は昨日より少しおくつろぎのご容態の由。
松方氏、小西郷（従道）氏、岩下氏入来。黒田氏入来、同人この困難を憂えること、実に親切なり。予もこの上のところは、他に挽回の策なしといえども、只一の秘策あり。よってこれを談ず。同人これを可とする。すなわち、同人の考えをもって吉井氏に示談されるよう申し入れておいた。」

大久保はこの日、正午過ぎに三条邸に見舞いに行っている。周りでは三条重篤説や発狂説が飛び交っているなかで、実際の病状を自分の目で確かめる狙いもあったようだ。三条本人に会えたかどうかはわからないが、一時「全精神錯乱のご様子」であったものの、「今日は昨日より少しおくつろぎのご容態」になっているのをつかんでいる。

大久保はこの日、三条の回復の兆候を確認してすぐに「一の秘策」の実行を決めたのではないか。三条がこのまま回復して職務に復帰すれば、すべてはまたもとに戻ってしまう。大久保も木戸もすでに前々日十七日に三条に辞表を提出していたので、閣議には出席できず、表立ったところでは自分たちは動けない。三条が回復すれば、いくぶんか遅れるにしても、結局は西郷派遣派参議の思う方向に事は進んでいくことになる。

大久保としては、三条の執務不能の間に、つまりは三条回復の報が外に広く伝わらないうちに、何としても何らかの「挽回の策」を講じなければならなかったはずだ。また、次節で述べるが、このときにはすでに岩倉に三条から辞任の意向が伝えられており、そのことが大久保の耳に入っていたか、あるいは大久保自身それを察知していて、そのことが、「秘策」実行の追い風になったと思われる。三条が十月十五日の閣議決定を天皇に上奏する前に、辞任の意向を示しておれば、挽回の可能性は確かにある。

三条邸からの帰宅後、このところ毎日のようにやって来ている黒田に「一の秘策」の相談をして、その黒田が大久保邸を出たあと直ちに、宮内少輔の吉井友実に会って策に着手している。

そのあと、黒田は大久保に、

「さては過刻、尊慮を伺い、吉井君に示談しましたところ、案にご同意にて、今宵、徳大寺（宮内卿）殿もご懇談あるとのことにつき、形行のみ。早々以上。」[1]

と報告し、それに対し大久保は「十月十九日夜」付で、黒田に次のように返書している。

「〔前文欠〕しかるところ、徳大寺殿はご存知の通り純良の人物にて、とても自ら成すという器に乏しく、もし、このこと半途にして敗する日は、なかなか取り返しもできず、それまでのことになります。

ついては明朝早天（明け方）、今晩吉井氏と（徳大寺宮内卿との）談合の模様つぶさにお聞き取り下され、万々が一、見留付きかねれば、止めるにしかず。もし出来ますれば、ごく内々に閣下（黒田）がご同人へ一応はご面会下さらないと甚だ安心できません。

云々の事件に及んでは、必ず大議論になるのは必至で、十四日・十五日のご評議同様のわけに立ち至らずして済むことはなく、その節に臨み、始終の順序を失っては瓦解のほかはないので、なおこの上、ご熟考ご尽力下さい。甚だ恐れ入りますが、明朝、是非ともお気張り下さい。

徳大寺殿がもしも、他へ相談されるようなことがあれば、大変なことになりますので、返す返すも、よろしくご注意下さい。」[2]

この書簡の前段部は、「〔前文欠〕」とあるように、誰かの手によって剥ぎ取られたらしく欠けている。知られてはまずいことが書いてあったのだろう。宮中に迷惑がかかるようなこと、あるいは

「一の秘策」の全容がわかってしまうようなことが書かれていたのかもしれない。前段では「このこと半途にして敗する日は、…、それまでのことになります」と書き、また、最後には「徳大寺殿がもしも、…、大変なことになりますので、返す返すも、よろしくご注意下さい」と念を押している。書簡にみなぎる緊張感からして、大久保・黒田が相当に危険な宮中工作を進めていることがうかがえる。

これから想像される工作の内容は、このあと本章三節で取り上げる『明治天皇紀』の十月二十日の条に、

「そもそも実美・具視の邸に臨幸のことたるや、是の日唐突にその命があったことで、…。」[3]

と書かれていることに関係がありそうだ。起きている事柄および時間の進行具合と工作の内容とが符合するように思える。そして実際、二十日早朝に突如、岩倉のもとに「宮内卿徳大寺実則」名で、

「本日午前十一時ご出門、三条太政大臣邸へ臨幸、その還幸がけ其の邸へ臨幸仰せ出があった。よってこの段、お達し及ぶものなり。」[4]

とする通達が届いている。

天皇が突如、「本日」三条邸に臨幸し、その「還幸がけ」に岩倉邸に臨幸するというのである。臨幸して何があるのかは、岩倉側でもわかっているのであろう。そして実際、それらのことが二十日の朝に実行され、天皇は三条邸で三条を見舞ったあと、その帰途、岩倉邸に寄って岩倉に太政大臣攝行を命じている。

「秘策」の実行を指示した大久保は、その日十月二十日の日記に、

「今日無事」

と、ただ四文字のみを記している。

大久保のこのころの日記には、来訪者だけでも日々数人の名前が記され、その他、その日にあったことなどがいろいろと書かれている。しかしこの日は、その四文字だけである。「今日無事」は、今日は取り立てて書くことはないといった意味ではないだろう。この日二十日には、右記のように、天皇の三条・岩倉両家行幸や岩倉太政大臣攝行任命といった、それこそ特筆すべき出来事があった。この「今日無事」は、前夜の大久保の黒田宛書簡に漲る緊張感からしても、「一の秘策」が無事に済み、首尾よく行ったという意味に解すべきであろう。

黒田は「秘策」を実行した三日後の二三日に大久保に、

「さてはこの内より、岩（岩倉）・西（西郷）ならびに閣下（大久保）との間に奔走し、その情実を言上しましたのは偏に邦家（日本国）のためと一筋に思い詰め、…。遂に今日に立ち至り、退いてとくと我が心事を追懐すると、大いに西郷君に対し恥じ入る次第、…。」[5]

と書き送っている。

黒田は自分がやったことを、「退いてとくと我が心事を追懐すると、大いに西郷君に対し恥じ入る次第」と悔やんでいる。

大久保はそれに対して、「十月廿二日夜認」とした返書で、

「今般の一件、小子においてもご同様、私情において忍びがたく、言うべくもないことですが、私心まったくなく、国事については止むを得ないこと、…。自問しても、寸毫も愧じるところはありません。

この上のところ、もちろん御大事にて、小子らが責務を果たさずして、天下に対して何の面皮（面目）がありましょうか。一身を投げ打って魯鈍を尽くすほかはないと心得ております。

…。」[6]

と書き送っている。

黒田の気持ちを和らげようとしているのだが、さすがに大久保らしく、黒田が「大いに西郷君に対し恥じ入る次第」と書いてきたのに対して、「寸毫も愧じるところは」なく「小子らが責務を果たさずして、天下に対して何の面皮がありましょうか」と断じ、揺るがぬ自己の信念を述べている。大久保のこの返書が夜遅くになったのは、大久保がこの二二日夜岩倉邸に行き、翌日の岩倉太政大臣攝行による天皇への上奏の最後の詰めと次期政権の人事の話し合いをしていたためである。この夜の岩倉邸訪問は大久保の日記には記されていないが、岩倉邸でどんなことが話し合われたかは、この日前後に大久保と岩倉の間を行き交った書簡を読めばわかる。[7] 以上が「一の秘策」実行前後のおおまかな経緯である。

## 二 『岩倉公実記』

さて、二次史料の記述の検討に入ろう。『岩倉公実記』（一九〇六）は、岩倉の死後（明治十六年）直ちに関係史料の収集に取り掛かり明治三六年に編纂が完了して、三九年に刊行された岩倉具視の伝記である。一次史料も豊富に盛り込まれていて、幕末期から明治前期にかけての政治史を語るのに欠かせない歴史書になっている。このなかに「朝鮮国遣使に付き閣議分裂の事」という章があって、そこで、明治六年六月に廟議に朝鮮議案が上程されてから、十月に政府の大分裂が起こるまでの過程が叙述されている。

そのなかで、三条の劇疾発症前後から岩倉の太政大臣攝行の任命に至る経緯が、二ヵ所でそれぞれ次のように記されている。

「（十七日夜）実美、復た（大木）喬任とともに来た。具視に面唔して、委曲に（詳しく）隆盛の説に左袒（味方）した情由を告げる、その言中に前議を悔いる語あり。翌十八日暁、実美劇疾を発し人事不省になり、明日書を具視に寄せて、辞官の表を執奏（天皇への上奏）することを請う。その文に曰く。（中略、辞表は下に別掲）

二十日、車駕（天皇）実美の邸に幸し親しくその疾を問い、また、具視の邸に親臨し太政大臣の事を攝行すべしと親諭し給う。」[8]（A）

「十七日夜、太政大臣は具視の第（邸）に来て、情由委曲に告げ、大に前議を悔いる語があった。十八日払暁同氏病をまさに発せんとするに際し、使いを具視の第に送り、国の大事に任じその意見一ならず、惶悚（こうしょう）（恐れ慎む）に堪えざる旨を謝し、再び事を執るにあたわざるを告げる。この際において、かたじけなくも車駕（天皇）親臨、聖諭（太政大臣攝行の命）を奉ずる。」[9]（B）

前の記載をAと呼び、後の記載をBと呼ぶ。どちらにも、十七日の夜に「前議を悔いる」とあるが、これは、十月十五日の閣議で三条が西郷即時派遣を裁断したことを悔いていることを指す。AもBもともに、十七日夜三条が岩倉邸に来て「前議を悔い」、その三条が十八日暁に劇疾を発して辞意を表明し、二十日に天皇が三条と岩倉両邸に行幸して岩倉に太政大臣攝行を命じたという同じ趣旨のことを書いている。

もっとも、その二つで、三条が岩倉に辞意を伝えたとする、その日時が違っている。Aは辞意を伝えた日を、発病（「十八日暁」）の「明日」すなわち十九日としているのに対して、Bは発病の直前、すなわち十八日早暁としている。また、詳細に見れば、辞意の伝達の仕方についても、Aは辞表を提出したとしてその辞表を掲載しているのに対して、Bは使者を送って辞意を告げたとしている。もしかすると、編者（叙述者）はこの微妙な違いに意味を持たせているのかもしれないが、いずれにしても、AとBとでは辞意を表明した時期が発症の前と後で違っている。

Aの方では、前掲で「（中略）」としたところに、「実美辞官の表に曰く」として、次の辞表を掲載している。

「臣実美、不肖の身をもって叨（みだり）に大任を負荷し日夜戦競罷りあるところ、短才微力にしてその任に堪えざるをもって苦慮のあまり、俄かに病を発し、ほとんど大事を誤り国辱を招くに至る。…その罪、死してなお余りあり、実に恐懼慚愧の至りに耐えず。伏して願わくは、速やかに臣の職を解き、臣の罪を正し賜わらんことを謹んで奏します。

明治六年十月

太政大臣三条実美」[10]

Aの記載からすると、この辞表提出日は十月十九日ということになるが、この文面ではそれが「明治六年十月」となっている。

そこで、三条の辞表提出の日時とその経緯について、もう少し明らかにできないか調べてみると、手掛かりになるいくつかの史料が引き出せる。その一つは、『木戸孝允文書』第五巻（一九三〇）に収録されている、木戸の十月二三日付三条の家令（執事）・森寺常徳宛書簡で、それは、森寺が三条の辞表提出について相談してきたのに対して、木戸が返書した次のものである。

「ご一覧後、必ず御火中にされるべく頼みます。

お手紙拝見しました。条公の御不例（ご病気）いかがあらせられるかと日々心を煩わしておりますが、漸々（次第に）ご回復あそばされているとの由、お喜び申し上げます。今日、御辞職願を差し出されるご様子、かえって暫時はお心をお安めになりご保養あそばされるのが、将来国家のためかと孝允も存じます。（中略）

ついては、せっかくご辞表にても差し出されるのであれば、後のためにも、この一条もお加え入れますれば、後来の幸福を蒼生（人民）もまた蒙るだろうと存じますにつき、卒爾（失礼）ながら申し上げておきます。（後略）」[11]

三条と木戸は文久三年（一八六三年）の八月十八日の政変での「七卿の（長州への）都落ち」以来関係が深く、木戸は三条が最も頼みにしている政府の実力者である。

木戸は森寺からの相談に対して、「後のためにも、この一条」を加えるようにと注文を付けている。こう書いていることは、木戸は三条が差し出そうとしている辞表の草稿を見ていることになる。また、「今日、御辞職願を差し出されるご様子」とあることから、三条は木戸に辞表の文面を見せ相談をした上で、十月二三日に提出したことになろう。三条の正式の辞表提出は、『岩倉公実記』が言う十月十九日や十八日ではなかったことになる。

太政大臣攝行に就いていた岩倉が三条からの辞表をその日に受け取ったことは、比較的近年に編纂された『木戸孝允関係文書』（二〇〇七）が収録している、次の岩倉の十月二四日付木戸宛書簡から判明する。岩倉は三条が木戸に相談の上、辞表を提出してきたことを聞いていたのだろう。

「（前略）さて、条公の辞表の文面いかにも忍び難い次第、ただ大患もっての事にしてはいかがか、しきりに苦慮しており、なお、伊藤をもって今晩から明朝の内に相談するつもりです。」[12]

岩倉がここで、「条公の辞表の文面いかにも忍び難い」と書いているのは、前掲の三条の辞表にも表れているように、三条の自責の念があまりに強く表に出ているからであろう。
また、右の岩倉の書簡に木戸は同日に返書して次のように書いている。

「尊書つつしんで拝読し委曲承りました。始めよりこのつづきを一脈にして熟考しますところ、過る十七日夕、条公ご激論の次第に至り、再び大木などご直諌（いさめ）申し上げ、大木一同に尊邸へお出でになり、ご悔悟のご都合に至ったあたりのことは、分明にしておかなくては、天下後世のためにも、かつ、今日の紛紜（混乱）の折柄ではますますその条理を明らかにしておかないと、恐れながら、大臣公（岩倉）がすべてを代理されるのについても十分ならざることにもなり、かつまた、後々の口実に齟齬することが残っては、始終政府にとって邪魔なことになります。

実はご辞表のことも、前もってあらかた承知しており、愚案を条公まで申し上げておきました。孝允としては、御子細（お差支え）はあるはずがないと思いますが、恐れながら、大臣公の思し召しを忍ばせられて少々ご添削されれば、孝允としてはいささかも異存はありません。」[13]

これらから、三条が岩倉に辞表を提出したのは十月二三日で、それが二四日には岩倉の手元で改変（「添削」）されていたことがわかる。

なお、木戸がここで「ご悔悟のご都合に至ったあたりのことは、分明にしておかなくては」云々と書いているが、これが、先に引いた『岩倉公実記』のAとBのどちらにもある「前議を悔い」の記載につながっているのであろう。
木戸は、三条太政大臣が十月十五日の閣議で西郷即時派遣を裁断したものの、十七日の夜には、「大木一同に尊邸へお出でになり、ご悔悟のご都合に至ったあたりのこと」を明確にしておくことが、岩倉が三条の裁断とは異なる上奏をしたこととの関係で、後々のためにも重要だと言っているのである。
さらに、このあとも、辞表について岩倉と木戸との間でいくぶんかやり取りがあり、最終的には、岩倉が十月二六日付木戸宛書簡で次のように書いていることで、決着がついたようである。

「さて、条公辞表のことにつき、森寺云々、この義はともかく、条公辞表は所労(病気)ばかりの方を大にしかるべしと考え、せっかくお話申し上げたものの、是非所労のみにお書き改めのこと、ご同意給わりたく存じます。十八日か十九日か丹羽(三条家家令)が使者として入来、口上覚は同人より申し請けているので、他日いかなる説が起きてもこれにてよろしいと存じます。先ずはご一覧に入れます。」[14]

そして、天皇に奏上された結果は、宮内卿徳大寺が十月二九日付で岩倉に次のように通達していることでわかる。

「太政大臣病気によって辞表奏上につき御内慮あい窺いましたところ、重病に罹ったのは実に朕の不幸のみならず国家の不幸なり。然りと言えども止むを得ずの儀、ゆるゆる加養致すべし。辞職の儀においては、一新創業の功臣、朕が股肱（ここう）（頼りにする臣下）とするところ、よろしく処分致すべく御沙汰あらせられたので、この段、拝啓に及ぶものなり。」[15]

つまりは、辞表は岩倉の木戸宛書簡に「条公辞表は…、是非所労のみにお書き改め」とあるように、発病のみを理由にして差し出され、それに対して「ゆるゆる加養致すべし」との勅旨が下り、辞表は却下されたことになる。

この経過から見ても、『岩倉公実記』がAのところで掲載している三条の辞表は、実際に上奏されたものではないことがわかる。事実、岩倉がのこしている「明治六年征韓論一件」の文書類では、それは「明治六年十月条公辞表案」として収録されている。[16] つまり、『岩倉公実記』は「案」であることを知りながら、それを実際に提出された辞表であるかのように繕（つくろ）って、Aのところに掲載しているのである。何らかの虚構を創り上げようとしていることがうかがえる。

実際に提出された辞表は、『岩倉公実記』より先に刊行された『三条実美公年譜』（明治三四年刊行）に二種類の辞表が掲載されているが、そのうちの一つであると推察できる。それには、ただ「頃日俄かに病を発し奉職仕り難い」[17] といったことだけが書かれている。

また、岩倉の十月二六日付木戸宛書簡で、岩倉が、

「十八日か十九日か丹羽が使者として入来、口上覚は同人より申し請けているので、他日いか

なる説が起きてもこれにてよろしいと存じます。」

と書いているところも興味深い。

ここにある「丹羽が使者として入来」が、先のBに出てくる「使い」に相当するようだ。すなわち、『岩倉公実記』がBのところで、

「十八日払暁同氏病をまさに発せんとするに際し、使いを具視の第に送り、…、再び事を執るにあたわざるを告げる。」

としているのは、岩倉が木戸宛書簡で「十八日か十九日か丹羽が使者として入来」と書いているのを、十八日の三条発病前に三条が使者を岩倉邸に送ったことにして記載したものになろう。

しかし、実際には、三条発病前に三条の使者が岩倉邸に来たりはしていない。そのことは、下で取り上げる参議大木喬任（たかとう）の岩倉宛十月十八日付書簡で明らかになる。また実際、もし使者が三条発病前に来ていたなら、その印象は強かったはずで、岩倉がこのとき七、八日前の記憶をたどっているにしても、それを発病後の十八日や十九日と混同したりはしなかったであろう。

この「口上覚」の中身はわからないが、岩倉がこれを「申し請けているので、他日いかなる説が起きてもこれにてよろしい」と書いているのや、『岩倉公実記』がBで、「使いを具視の第に送り、…、再び事を執るにあたわざるを告げる」としていることなどからして、三条が辞任の意向を伝えたものと見てよい。

また、岩倉がこのように「他日いかなる説が起きてもこれにてよろしい」と書いているのや、木戸が岩倉宛の書簡で、

「大臣公（岩倉）がすべてを代理されるのについても十分ならざることにもなり、かつまた、後々の口実に齟齬することが残っては、始終政府にとって邪魔なことになります。」

などと書いていることからして、やはり、彼らが何らかの策謀を講じた上で、事後に問題が生じた場合への対応も併せて考えていたことがわかる。

西郷派遣反対派の閣僚たち（岩倉・木戸・大久保・大隈・大木・伊藤ら）は、十月十五日の閣議で三条太政大臣が西郷即時派遣の裁断をしたあとも、それで完全にあきらめていたわけではない。岩倉はその日のうちに、大隈重信・伊藤博文の両名連名宛で、

「朝鮮一件云々、どれほどか苦慮している。なお、ならぬまでも、人事の限りを尽くしたいので、おふたりで深くご考慮、ご示談の上、明朝九時ごろご同伴でお出ましいただきたい。」[18]

と書き送っている。

十六日朝には大隈・伊藤が連れ立って岩倉のもとへ行き、そこでいろいろと策を練ったに違いない。十七日に大久保が三条に辞表を提出し、それに木戸が続き、さらに岩倉が辞任をちらつかせ、三条に揺さぶりを掛けたのもその策の一環であったのだろう。三条が十五日の閣議で裁断した西郷朝鮮遣使即時実行を天皇に上奏しても、自分たちはそれに反対であったし、その実行の責任は取れないとする意思表示であろう。そして、その効果は意外な形で早くに現れる。三条は十八日早暁、劇疾を発し人事不省に陥ったのである。

このような反対派閣僚たちの活動をここで詳細に見ることはできないが、[19]その一端を示す史料

として、ここでは参議の大木喬任が十月十八日早朝に三条邸から岩倉に急報した次の書簡を取り上げておく。大木はこの朝一番に岩倉邸を訪ね、岩倉と相談をしてその足で三条邸に行き、そこで三条の劇疾発症という思わぬ場面に遭遇している。

「ただ今は（岩倉邸に）参殿して恐れを顧みず縷々陳上して、恐縮の至りです。ついては早速、三条公へまかり出ましたところ、条公は昨夜来、ご胸痛ご逆上の気体（危殆の誤りか）につき、お会いすることができません。なるだけはお待ちすることを、ご家来まで申し入れましたが、何分さんざんのご様子の由にて、止むを得ず引き取ります。

これより少しでも（三条の）ご気分が見合えば、是非拝謁申し上げたいとご家来まで申し入れておきました。日は何時でも、ご気分に見合わせ懇々申し上げ、是非々々、ただ今（岩倉より）仰せ聞かされたように運ぶよう、万死をもって尽力する心得です。申し上げるのも恐れ多く存じますが、仰ぎ願えば、殿下も過刻仰せ聞かさられたようお運びのご決意幾重にも伏してお願い致します。

条公のご所労（病気）はお気の毒には存じますが、右にて、今日のご出仕はあり得ませんので、西郷氏への叡慮（天皇のお考え）のご決答は今日までは無いものと存じます。ともかく、条公の御模様を伺った上、（そちらへ）参殿して万々申し上げます。

十月十八日

大木喬任

岩倉右大臣殿

小臣（私）、御両公（三条・岩倉）へ申し上げたこと、ほかの参議には色にも表さず、引き離れているようにしていることにつき、なにとぞお含み置きくだされたくお願い申し上げます。殿下（岩倉）ご辞表の儀、公然としてではなく、御内々にて条公までお差出は、一日も速やかなる方と存じます。」[20]

先に示した木戸の岩倉宛書簡にも書かれているように、この前日十七日の夜、大木は三条とともに岩倉邸に行っている。閣議のあった十四・十五日の前後の時期、大木は密かに西郷遣使問題で三条に何かの献策をして、三条と岩倉のあいだを取り持つ動きをしていた。右の追伸のところで、「小臣、御両公へ申し上げたこと、ほかの参議には色にも表さず」云々と書いているのがそれに当たる。また、本文の最後の方に「今日の（三条の）ご出仕はあり得ませんので」云々とあるのは、三条による本日の上奏はないので、ひとまず安心だと伝えるものだ。

この大木書簡から、岩倉が十八日の朝、最初に三条発病の知らせを受けたのは、大木からであったことになろう。大木は、前夜三条とともに岩倉のところに行き、この早朝にまた岩倉を訪ねその足で三条邸に行ったことになる。大木と岩倉はかなり重大な決心を伴う話し合いをしていたのだろう。大木は「万死をもって尽力する心得です。…、殿下も過刻仰せ聞かさられたようお運びのご決意」、お願いすると書いている。

この大木の三条邸からの急報の内容からして、『岩倉公実記』がBのところで、

「十八日払暁同氏病をまさに発せんとするに際し、使いを具視の第に送り、…、再び事を執るにあたわざるを告げる。」

としているのは虚偽であることがわかる。大木は三条邸に行く前に先に岩倉邸でいろいろ相談しており、もし、『岩倉公実記』が言うように、三条が「病をまさに発せんとするに際し、使いを具視の第に送り、…、再び事を執るにあたわざるを告げ」ていたなら、大木も岩倉邸でそれを聞いていたことになるからだ。

聞いていたなら、大木が三条邸に行って三条劇疾を聞いて驚いたり、右のような書簡を急きょ岩倉に送ったりするはずがない。また、辞意を伝えてきた相手に「ご辞表の儀、…、一日も速やかなる方と存じます」などと勧めたりもしなかったであろう。

以上、一連の一次史料の検討から次のようなことがわかる。『岩倉公実記』が二ヵ所で書いているAとBの二つの三条の辞意表明に関する記載は、それら自体いくぶん矛盾するが、いずれにしても、どちらも虚偽になる。『岩倉公実記』が掲載している三条の辞表は、「辞表案」を掲載したもので、実際に天皇に上奏された辞表は、岩倉のもとで作り変えられ、病気のみを理由にした簡潔なものので、それは十月二六日ごろに「執奏」されている。

また、「十八日か十九日か丹羽が使者として」持参したとして、岩倉が「口上覚」と呼ぶ書面に三条の辞任の意向が書かれていたのであろう。岩倉はそれを木戸にも見せ、「他日いかなる説が起

きてもこれにてよろしい」と伝えている。

いずれにしろ、『岩倉公実記』の前掲のAやBは、意図的に事の成り行きを繕って書いた虚偽の記述ということになる。なぜ、そのようなことをしなければならなかったのか、そのわけは簡単で、この間に講じられた大久保・黒田による「一の秘策」を伏せたまま、それを抜きにして、二十日に突如天皇が三条・岩倉両邸に行幸して、岩倉に太政大臣攝行の大命を下した経緯を綴らねばならなかったからである。

『岩倉公実記』は実際、「一の秘策」についてはまったく何も触れていない。『岩倉公実記』の編者がそれを知らなかったわけでは無論ない。編纂のために収集した資料には、大久保利通の日記や大久保が「十月十九日夜」付で黒田清隆に送った書簡の写本も含まれている。

しかし、『岩倉公実記』が「一の秘策」のような宮中工作があったことを書くわけにはいかないのである。いわんや、それによって岩倉太政大臣攝行が決まり、その岩倉の上奏によって西郷派遣の閣議決定が覆され、最後には西郷派遣反対派参議を下野させてしまったことなどを書くわけにはいかない。つまりは、何か別のストーリーをつくって繕うほかはなかったのであり、悪い言い方になるが、ごまかすほかはなかったのである。

さて次に、この『岩倉公実記』の記述を、その後の歴史書や史学者たちがどのように使っているかを見ておこう。

『西南記伝』(一九〇九)は、

「三条は、…、あに図らんや、暁に至り、深憂の極み、精神異常を感じ、にわかに劇症を発して、人事を省（かえり）みることあたわずに至るとは。そうして、明十九日三条は、書を岩倉に寄せて、辞表を執奏することを請うた。その書、辞表は左の如し。」

として、『岩倉公実記』が掲載している同文の辞表（実際には「条公辞表案」）を掲げ、続いて、天皇が岩倉に太政大臣攝行を命じたと言う。[21]

また、『大西郷全集』第三巻（一九二七）も、

「翌十九日三条は書を岩倉に寄せて辞表の執奏を請うた。」

として、続いて「二十日、天皇三条邸に行幸、…、さらに岩倉邸に」云々とする。[22]

『西郷隆盛全集』第三巻（一九七八）も同様で、

「三条は翌十八日朝に閣議の決定を奏上して裁可を仰ごうと決心したが、心痛のあまり人事不省に陥った。そして登閣することが出来ないので、十九日辞表を提出した。そこで二十日岩倉具視が太政大臣の職務を代行することになった。」[23]

とする。

いずれも、『岩倉公実記』の前掲のAの方の「明日書を具視に寄せて、辞官の表を執奏することを請う」を採用して、十九日に三条が辞表を提出して、その翌日に天皇による岩倉太政大臣攝行の任命があったとしている。

近年でもそれらに追随して、多くの史学者が同様のことを述べている。

それらに対して佐々木克（二〇〇六）は、三条の辞表提出を十八日として次のように言う。

「夜になって再び三条が岩倉を訪ねて弁明したが、岩倉は折れなかった。帰宅した三条は事の重大さを改めてさとり『国事』を誤った罪は『死してなお余りあり』と記した辞表を書き、家人に持たせて岩倉にとどけ、岩倉から天皇に奏上してもらうように依頼した。そして悩み抜いたあげく、十八日の明け方に錯乱状態となり人事不省に陥ったのである。」[24]

佐々木は『岩倉公実記』の前掲のBの方を採用していることになる。もっとも、『岩倉公実記』が「再び事を執るにあたわざるを告げる」としているところを、佐々木は「辞表を書き、家人に持たせて岩倉にとどけ」としている。それらからして、佐々木はより直接的には、次節で取り上げる『明治天皇紀』の記述の方を参考にしているのかもしれない。

佐々木はまた、『岩倉公実記』に掲載されている前掲の三条の辞表を引いて、「『国事』を誤った罪は『死してなお余りあり』と記した辞表」と書いているのだが、その辞表中に「苦慮のあまり、俄かに病を発し、…。伏して願わくは、速やかに臣の職を解き」とあるのには気付かなかったのだろうか。この辞表では「俄かに病を発し」たあとで、それを提出したと書いているように読める。

いずれにしても、どの歴史書も史学者も『岩倉公実記』の虚偽の記述に何ら疑いを挟まず、また、二ヵ所で矛盾したことが書かれていることもお構いなしに、そのどちらかを採用して、その虚偽を拡散させていることになる。

## 三　『明治天皇紀』

『明治天皇紀』は編年体で編まれた全十三巻（刊行は一九六八から一九七七）から成る大著で、これの資料収集と編纂には足かけ十九年（一九一四から一九三三）がかけられたと言う。もっとも、参照された史料間に矛盾があり、また、『岩倉公実記』が原資料になっているところも多く、やはり問題の少なくない伝記である。しかし、史料集的性格もあり、史学者が使うことの多い歴史書である。

坂野潤治（一九九六）は「信頼度の高い二次文献である」とし、[25]また、西川誠（二〇一二）も、

「本書は、性質は日記とは異なるが、明治天皇について、日々の行動と時々の感情が記され、しかも実証性が高いという点で、明治史を繙（ひもと）く興味深い書物となっている。」[26]

と言う。

もっとも、それらとは正反対に、田村貞雄（二〇〇八）は、

「われわれ日本近代史の研究者は、だれも基本的資料としては宮内省臨時帝室編集局編修『明治天皇紀』をあてにはしていない。これは宮内省の編纂物で、有力な史学者の参加はなく、国家の正史ですらない。もっとも国家の正史というのは、だいたいその国家―王朝や独裁者に都合のいいものので、もともといい加減なものばかりである。」[27]

と言う。田村は「われわれ日本近代史の研究者」と言うが、右の坂野や西川はまったく異なる評価を下している。同じ日本近代史の史学者のあいだでも、評価はずいぶん違うようだ。

岩井忠熊は自著『明治天皇―「大帝」伝説―』（一九九七）の「はじめに」で、『明治天皇紀』を

史料として使うことについて次のように書いている。

「『紀』(『明治天皇紀』を指す)は引拠史料を注記しているが、それらの大部分は今なお非公開であり、史料批判の可能性をうばわれたままである。したがって『紀』それ自体の史料的価値は、詳細であるとはいえ、やはり二次的史料というほかはない。しかし現在利用しうるもっとも便利で相対的に確実性に富んだ史料であるから、本書もまた叙述の主要部分を『紀』によった。」[28]

この岩井の見解が、この分野の大方の史学者の本音といったところなのだろう。少し意地の悪い言い方になるが、史料批判ができないために記述の信憑性は必ずしも保証できないが、「現在利用しうるもっとも便利で相対的に確実性に富んだ史料であるから」これに頼るほかはないと言っている。

しかし、岩井が言うように、「引拠史料」が「非公開」であるために、まったく「史料批判の可能性をうばわれたままである」というわけでは無論ない。

さて、ここで取り上げるのは、『明治天皇紀』の第三巻(一九六九)の十月二十日の条である。そこに、この日の天皇の行動や岩倉太政大臣攝行の任命などについて、三頁にわたって詳しい記述がある。そのところをいくつかの段落に分けて、その信憑性を検討する。

最初の方の段落に次のようにある。

「（十七日岩倉邸から）実美帰邸して沈思黙考、前非を悔いる心あり、その夜再び具視を訪ねて、つぶさに隆盛の説に同意した情由を語り、翌暁使いをもって具視に辞官の執奏を請うた後、にわかに劇疾を発して人事を省みることができなくなるに至った。」

これも、前節で引いた『岩倉公実記』の記載を踏襲したものと言える。『岩倉公実記』のAとBの記載からすれば、「翌暁」すなわち十八日明け方、劇疾を発する前に辞意を岩倉に「使いをもって」伝えたという点ではBだが、「具視に辞官の執奏を請うた」という点では同じ文句がAにある。両方の折衷とでも言えようか。しかし、これも『岩倉公実記』の記載について述べたと同様に事実に反する。三条が発病前に岩倉に「辞官の執奏を請うた」というようなことはない。三条がそれを正式に「請うた」のは、前節で見たように、岩倉が太政大臣攝行に就いた後の十月二三日である。もっとも、先述のように、岩倉の言う「十八日か十九日か」の「口上覚」のなかで、三条が辞任の意向を示していたことは十分に想定できる。

『明治天皇紀』の右に続く記述は、前日十九日からの記述に移り次のようである。

「十九日午前九時、天皇、正院に臨御あり、実美の疾患を聞き召すや、直ちに侍従堀河康隆をその邸に遣わし…、また大侍医岩佐純一…、ミュルレル、同ホフマンをして診療せしたもうたが、是の日午前十一時御出門、内幸町新シ橋の実美の邸に幸して親しくこれを問わせられる。その後侍従を遣わしてその病状を問わしめたまい、かつ、ものを賜うこと数々なり。既にして正午、実美の邸を出でたまい、直に具視の馬場先門内の邸に臨幸、優詔を具視に賜う。曰く、国家多事の折柄、太政大臣不慮の疾患に罹り、朕深く憂苦する、汝具視太政大臣に代わり朕が天職を輔け国家の義務を挙げ、……。

具視謹みて、大命を拝す。同邸において行厨（弁当）を取り、午後一時四十分還幸あらせられる。」

冒頭で「十九日午前九時、天皇、正院に臨御あり、実美の疾患を聞き召すや、直ちに」と書いて、天皇がそのときに初めて三条の病気を知り、侍従や侍医たちを三条邸に遣わしたように書いているが、事実は、天皇がそのとき初めて三条の発病を知ったわけではないし、また、侍医たちがその日初めて三条のもとに遣わされたわけでもない。

天皇は前日の十八日夜にはすでに、見舞いのためであろう、三条邸行幸の意向を示している。そのことは二つの一次史料から明らかになる。一つは、三条の子息・三条公恭（継嗣）[30]が十月十九日付で岩倉に送った次の書簡で、これは『岩倉公実記』や『岩倉具視関係文書』には収録されていないが、「明治六年征韓論一件」に手書きの史料として収められている。

「昨夜（十八日夜）ご臨幸の旨ご内沙汰厚く蒙りましたところ、父儀、前後わきまえない容体に付き、返って恐れ入り奉る次第をもって一応お断り申し上げたところ、なおまた、出格の叡慮をもって押して臨幸あらせられるご内沙汰につき、親戚一同へも申し聞いたところ、…、かつ、父も事も至って今朝（十九日朝）少しは請け答えも有りにつき、父へその段申し聞いたところ、…、何分かくの如く病臥（びょうが）で恐れ入りますにつき、暫時（ざんじ）ご用捨（ようす）てのほど願いたき段申し聞きました。…。前文の次第につき、御礼お請けのほどよろしくお取り成し願い奉ります。」[31]

三条邸へ十八日の夜に「臨幸の旨ご内沙汰」があって、実美の容体を理由に断ったが、再び同様の「内沙汰」があり、三条家としては「父も事も至って今朝少しは請け答えも有りにつき、父へその段申し聞いたところ」、やはり「暫時ご用捨てのほど願いた」いということです、と岩倉に伝えている。書簡の冒頭には、はっきりと「昨夜（十八日夜）ご臨幸の旨ご内沙汰厚く蒙りました」とある。

もう一つは、近年公刊された『岩倉具視関係史料』上巻（二〇一二）に収録されている、次の岩倉の十月十九日付徳大寺実則・東久世通禧（ひがしくぜみちとみ）宛書簡案である。これは「書簡案」とあるように、草稿であって実際に送られたそのものではない。しかし、そこにある内容は、岩倉がこの日、徳大寺・東久世のふたりに伝えようとしていたものであることに違いはない。この書簡案には別の重要なことも書かれているのでここで引いておく。書簡案は二つ掲載されているが、文面の主旨・内容は変わらない。ここでは、短いものの方の全文を引く。

「昨日、（天皇の）思召しのところ、徳卿（徳大寺）より拝承、今朝東久世よりさらに思召しのところ拝承、それぞれあい伝えたところの始末、別紙の通りです。事はご両卿ご承知と存じます。しかるところ、参木（参議）一同只今入来につき、別紙の旨申し聞かせたところ、病症にもよること、親臨あらせられない方が然るべきと申し出ています。

右、ご両卿にもご職掌上お心配りごもっとも。後日の議論もあるべきことに付き、順序のところ間違いないため書取をもって申し入れておきます。主上のところ、くれぐれ宜しく願いたく思います。」[32]

ここにある「別紙の通りです」の「別紙」は、前掲の三条公恭の十月十九日付岩倉宛書簡を指す。これから、十八日夜に天皇の「思召し」を三条家に伝えたのは徳大寺で、十九日朝にそれを伝えたのは東久世であることがわかる。岩倉はそれらのことをそれぞれ両人から、その都度聞いていたことになる。

これらからしても、十八日早暁に三条発病して以後、右大臣岩倉と宮中および三条家とのあいだで綿密に連絡が取られていたことがわかる。また、右の書簡案で、岩倉が「主上のところ、くれぐれ宜しく願いたく」と書いているところからして、十八日夜以来の天皇の三条家行幸の意向は、実際に天皇自身から発せられたものと考えてよい。

なお、これの中段にある「参木（参議）一同只今入来につき」以下のところでは、ちょうどこのときに参議「一同」が岩倉のもとにやってきて、そのときに岩倉が彼らに天皇の三条邸行幸のことを相談したところ、彼らは「親臨あらせられない方が然るべき」と応えたと書いている。このときの参議「一同只今入来」の記述は、この時期の西郷派遣支持派参議たちの動きを知る上で貴重な証言になる。それについては後述する。

以上のように、天皇は「十九日午前九時」、「正院に臨御」して、初めて三条の発病のことを知ったわけではない。また、『明治天皇紀』が右で書いているように、侍医たちが十九日になって初めて三条を診察したわけでもない。そのことは、『三条実美公年譜』（一九〇一）掲載の「容体書の略」を見ればすぐにわかる。[33] ホフマンは十八日午前九時に三条を診察し、同日「十時半頃、宮内省より竹内権大侍医ご差向け」、また、十九日には「午前六時、林権大侍医、宮内省よりご差向け、八時、岩佐権大侍医同断」となっている。どの侍医も実際には『明治天皇紀』にある「十九日午前九時」以前にすでに三条を診療している。天皇が三条の発病を知った件も、侍医たちの件も、どちらも虚偽の記述になる。

それにそもそも、右の『明治天皇紀』の記述の文頭にある「十九日午前九時、天皇、正院に臨御あり」が疑わしい。

明治天皇の在位期間中の行幸の日時・場所を詳細に記録した『明治天皇行幸年表』（一九三三）という冊子があるが、それには六年十月十九日の正院への行幸の記載はない。二十日前後の正院への行幸としては、前日の十八日と十二日とにその記載がある。[34] この『年表』には、天皇の行幸の日と場所が、正院や太政官へのものも含めてすべて記録されている。ちなみに、二十日の三条・岩倉両家への行幸はもちろん記載されている。

『明治天皇行幸年表』には十八日に天皇の正院行幸の記載があるが、もし、『明治天皇紀』が十九日として記述していることが、実際には、この十八日に起きたことであれば、そこで天皇が三条の発病を初めて聞いたことや、「実美の疾患を聞き召すや、直ちに侍従堀河康隆をその邸に遣わし」云々などは筋が通ることになる。

『明治天皇行幸年表』と『明治天皇紀』のどちらを信用してよいか明言はできないが、少なくとも『明治天皇行幸年表』の方を信用すれば、天皇は十九日には「正院に臨御」していない。この件も、『明治天皇紀』の十月二十日の条の信憑性の基本にかかわる重要な要件だ。

さらに、この段落は、全体として事の推移を紛らわす書き方になっている。

「ミュルレル、同ホフマンをして診療せしたもうたが、是の日午前十一時御出門、内幸町新シ橋の実美の邸に幸して親しくこれを問わせられる。」

とあるが、この文章中、「ホフマンをして診療せしたもうたが」までは十九日の出来事で、「是の日」以後の記述は二十日の出来事である。文脈に沿って読めば「是の日」は、その前の文節に従って十九日と読むところだが、そうではない。

この「是の日」は、この記事のある条が十月二十日ということから二十日を指す。実際、天皇が三条・岩倉両邸に行幸したのは二十日である。そしてまた、ここで「が」でつながれている十九日のホフマンらに「診療せしたもうた」ことと、二十日の天皇の行幸等とのあいだには直接的には何の関係もない。十九日の出来事と二十日の出来事が、「が」で唐突に接合されていることになる。

これに続く段落は、『明治天皇紀』の十月二十日の条の中でも、後に見るように史学者がよく引き合いに出すところで、次のようである。

「実美の劇疾を発するや、昨十九日午前九時参議等正院に会して議するところあり、即日宮内卿徳大寺実則をもって、この際、具視をして太政大臣の事を攝行せしめんことを奏請する。実則すなわち奏聞を遂げ、その旨を参議江藤新平・同大木喬任・同後藤象二郎・同副島種臣に連名宛にて復答する。是の日、具視の太政大臣事務攝行を布告する。」

このところも、この前の段落とまったく同じで、十九日のことを書いたあと、紛らわしい代名詞「是の日」を使って二十日のことを書いている。つまり、続くふたつの段落で、十九日のことを書き「是の日」でつないで二十日のことを書く書き方を繰り返していることになる。本来なら、十九日のことをまとめて書いた上で、「是の日」の二十日のことを書くべきであろうが、そうはしていない。

しかも、この段落もこの前の段落も、まったく同じように、正院での十九日午前九時の出来事から始まっている。前の段落は「十九日午前九時、天皇、正院に臨御あり」であり、この段落は「…、昨十九日午前九時参議等正院に会して議するところあり」である。「天皇、正院に臨御あり」の同時刻にあった正院での会議に、宮内卿徳大寺は出席したようだが、天皇は「臨御」しなかったのだろうか。天皇は何のためにこの日「正院に臨御」したのだろうか。繰り返すが、『明治天皇行幸年表』によれば、天皇は十八日に正院に行幸しているが十九日にはしていない。

さて、この段落の記述の内容であるが、この文章の流れからしてこの段落の趣旨は「十九日午前九時参議等」の会議で「具視をして太政大臣の事を攝行せしめんことを」決めたことによって、「是の日」二十日に「具視の太政大臣事務攝行を布告」したということになる。

しかし、その趣旨は、同じこの十月二十日の条の初めの方の段落で、

「翌暁（十八日暁）使いをもって具視に辞官の執奏を請うた後、にわかに劇疾を発して人事を省みることができなくなるに至った。（中略）

是の日…、具視の馬場先門内の邸に臨幸、（太政大臣攝行の）優詔を具視に賜う。」

としている文章の趣旨に矛盾する。なぜなら、どちらも同じく、結論として「是の日」二十日に岩倉が太政大臣攝行に任命されたことを言うのだが、右の段落では、それは参議たちが会議で決めたことによるとしているに対して、最初の方の段落では、それは三条太政大臣が岩倉に「辞官の執奏を請うた後、にわかに劇疾を発し」たことによるとしているからだ。一般には、前節で見たように、三条が発病して辞表を提出したことにより、天皇が三条を見舞ったあと岩倉に太政大臣攝行を任命したとされている。

そこで問題になるのは、『明治天皇紀』の右の段落が言うように、ほんとうに「十九日午前九時参議等」の会議で「岩倉太政大臣事務攝行」を決め、それを宮内卿の徳大寺に「奏請」させたりし

たのかということである。その会議があったことは、この会議に至る経緯を伝える一連の史料からして間違いはない。[35]

しかし、この会議で何が話し合われ、どんなことが決められたのかを示す直接的な一次史料はない。ただ、この会議を主導した参議・副島が十月二十日に「右大臣殿」宛で岩倉に送った書簡の次の記述から、かなりのことが推測できる。

「唐太(からふと)・朝鮮・台湾の議に付き、前議の失得を置き、さらに方略・手順等詳細ご評議になるべし。万事、今日、国家止むを得ずの計と、同僚決議の上、申し上げたところ、ご承知に付き、(私が)大久保へも申し通す旨申し上げましたところ、(後略)」[36]

ここで副島が「同僚決議」したとしている会議が、『明治天皇紀』が「十九日午前九時参議等正院に会して議するところあり」としているものであり、また、『明治天皇紀』がそこで名前を挙げている江藤・大木・後藤・副島がその会議の出席者である。

副島はここで、自分たちは「前議の失得を置き、さらに方略・手順等詳細ご評議になるべし」ことを「同僚決議」したとして、それを岩倉に報告したところ岩倉が承知したと書いている。ここで、「前議の失得」と書いているのは、十月十四日・十五日の閣議で決めたことの得失を言う。要するに、副島はここで、改めて閣議を開き、対外問題について「方略・手順等詳細」を再評議すべきことを「同僚決議」したと言っているのである。

副島はここで、『明治天皇紀』が書いているような「即日に宮内卿徳大寺実則をもって、この際、具視をして太政大臣の事を攝行せしめんことを奏請する」といったことは何も書いていない。実際、副島ら参議はそんなことを決めてはいない。そう言える理由については後に詳しく述べる。

副島がここで「同僚決議」したというような言い方をしているのは、自分たちが正院で開いた会議が、太政大臣三条が執務不能という緊急事態のもとで開き、かつ、次席の右大臣岩倉も欠席していたからである。そのために、副島らは「同僚決議」したことを岩倉に伝えるため、直ちに右大臣岩倉のもとに出向き、至急に再評議の閣議を開くよう求めたのである。

そして、この副島ら参議が岩倉のもとに行ったのが、先に取り上げた岩倉の十月十九日付徳大寺実則・東久世通禧（ひがしくぜみちとみ）宛書簡案で、岩倉が「しかるところ、参木（参議）一同只今入来」と書いているものに当たる。

この間のいきさつについては、筆者の前著Bの第五章で詳しく述べているので、参照していただければ幸いであるが、ここで、そのことに関連する史料を一つ取り上げておく。それは、伊藤博文が十月十九日に木戸に送った書簡で、十八日以来の自分たち西郷派遣反対派の動きを木戸に報告したものである。

岩倉は十八日早朝三条劇疾発症を知ると直ちに伊藤を呼び寄せ（先述のように、十六日朝にも伊藤を大隈重信とともに呼び寄せている）、伊藤にその件を木戸・大久保・大隈に連絡させ、三条発病を機にした挽回策を相談させている。伊藤はそれら参議の間を駆け巡り、その夜、再び岩倉のもとに戻り岩倉と話し合い、さらに今朝（十九日朝）も大隈と話し合った結果を、それまでの経緯を含めて木戸に次のように伝えている。

「わざわざ書簡を下さりありがとうございます。昨（十八日）夜岩公へ面謁（めんえつ）。今朝また大隈方へ参るよう言って来たので罷（まか）り越したところ、参議一同岩公へ集会の趣きにつき、そのまま帰りました。大略手順は大隈へ申し合わせ、岩公へ申し入れてくれるように託しておきました。ただいま、大久保より来書あり、今日は至急の用事でき参り申さずと言ってきました。

もはやその席に進入して論破してもしかるべしとのご沙汰、幾重（いくえ）にも感激していますが、その名なければかえって害となるかもしれないと、決めかねて踟躕（ちちゅう）して（ためらって）います。もちろん、このような場合ですので、火の中にも飛び込みますが、しかしながら進退の度合いを失った時には、一過激に止まるのも無益、その時は甚だ恥ずべきことになると思います。

明朝になれば今日中の模様もわかると思います。岩公へも昨夜八時より十一時ごろまで充分論じておきました。さりながら、何分小胆、あるいは着手を誤るかとも恐れますが、このたびはずいぶん奮発心があるように見えます。実に明暗期し難く、大久保もただその恃（たの）むことができないのを恐れているのではないかと推察します。…。」[37]

書簡の冒頭で、伊藤が木戸からの書簡に礼を言っているのは、中段にある「もはやその席に進入して論破してもしかるべしとのご沙汰、幾重にも感激しています」と書いているのに関連する。木戸はこのころ、自分が病身で閣議に出られないこともあって、岩倉や大久保らに伊藤を参議にする

よう申し入れる一方、伊藤へは書簡で、

「もはや遠慮なくその席（参議たちに会合）へ進入してご料理されてはいかが。つづまるところ、弟（私）としてはそれが決策かと考えます。」[38]

と書いて来ていた。

木戸はまた、十八日に伊藤から三条発病の件についての岩倉の伝言を聞き、早速その日に大久保に書簡を送って、

「老台（大久保）が岩倉公をこの上ながらご補佐して、患害の蔓延をなるだけ長引かせないよう料理なされたく千祈万祷（せんきまんとう）します。」[39]

と書き送っている。木戸は、伊藤から岩倉の話を聞き相談をした上で、何らかの見通しをもって、大久保に奮起を促しているのであろう。三条の発病を機に、右大臣の岩倉を立てて戦えば、「患害」の「料理」（処置）ができると踏んだようだ。

右の冒頭に続いて、伊藤が「今朝また大隈方へ参るよう言って来たので罷り越したところ、参議一同岩公へ集会の趣きにつき、そのまま帰りました」と書いている、その「集会」が先の岩倉の徳大寺・東久世宛書簡案にある「参木（参議）一同只今入来」に相当する。伊藤は、大隈がそれに出向くことになったので、「大略手順は大隈へ申し合わせ、岩公へ申し入れてくれるように託して」、「帰りました」と書いている。

おそらく、「十九日午前九時参議等正院に会」した副島らが、そのあと直ちに、会議に欠席した岩倉邸に出向き、そこで緊急を要するとして、他の閣員も呼び寄せて臨時の会議を開くことを岩倉

に迫ったのであろう。そのために、伊藤が「参議一同岩公へ集会の趣きにつき」と書いているように、大隈もそこへ出掛けて行ったと思われる。

また、伊藤書簡に「大久保より来書あり、今日は至急の用事でき参り申さずと言ってきました」とあるのは、大久保にもその「集会」招集の通知があり、大久保はそれには行かないと言ってきたことを木戸に告げているのではないか。大久保はこの日十九日には、三条邸に見舞いに行き、帰宅後、黒田と「一の秘策」を相談しそれに着手している。

伊藤が木戸宛のこの書簡の最後の段落で、「明朝になれば今日中の模様もわかると思います」と書いているところもなかなか興味深い。それは、伊藤が「岩公へも昨（十八日）夜八時より十一時ごろまで充分論じて」おいたことや、今日、大隈と話し合い、また、あるいは大久保とも連絡し合って、策を講じておいたことの結果が、「明朝」すなわち二十日朝になればわかるだろうということを意味する。木戸もその内容については、大方のことは承知しているのであろう。

そして、「明朝」すなわち二十日朝、実際に起きたことは、天皇による三条・岩倉両家への行幸と岩倉への太政大臣攝行の大命の降下であった。つまりは、これが、伊藤が「明朝になれば今日中の模様もわかると思います」と書いたその結果であったのだろう。

なお、副島らが「同僚決議」したと言う再評議の閣議は、三条が倒れた後では、大久保ら西郷派遣反対派が忌み嫌うものになっていた。[40] 大久保や木戸がすでに辞表を提出しているなかで、西郷派遣支持派優勢のもとで正式の閣議が開かれれば、副島が「前議の失得を置き、さらに方略・手順等詳細ご評議になるべし」と言うものであっても、いずれ西郷即時派遣の再決議がなされるのが目に見えていたからだ。木戸はその再評議の閣議ことを聞き、十月二一日の日記に、

「(副島らが)岩倉大臣に請い大臣これを許したとして、また、再議論の艱難(かんなん)に赴かんことを憂い、天下堪えず悲慨、(伊藤)博文また号泣数刻。」

と記している。大久保もまた、先に見た「十月十九日夜認」付の黒田宛書簡で、

「云々の事件に及んでは、必ず大議論になるのは必至で、十四日・十五日のご評議同様のわけに立ち至らず済むことはなく」

と書いて、その再評議を嫌っている。ここで「云々の事件に及んでは」と書いているのが、副島らが「同僚決議」をして岩倉が了承した再評議の閣議のことである。

さて、ここでまた『明治天皇紀』の二十日の条の記述の検討にもどるが、前述の段落に続いて次のようにある。

「そもそも実美・具視の邸に臨幸のことたるや、是の日唐突にその命があったことで、とくに実美邸臨幸の如きは、十八日宮内官の間にその議あり、十九日再びこれを議したけれども、異論があって決定しなかった事である。」

この後半部にある「実美邸臨幸の如きは」とあるのは、先に示した三条公恭の十月十九日付岩倉宛書簡にある「ご臨幸の旨ご内沙汰厚く蒙りました」という件で、三条家がそれに対して「暫時ご用捨て」を願い出、また、岩倉の十月十九日付徳大寺・東久世宛書簡案にあるように「参木（参議）」たちが「親臨あらせられない方が然るべき」としたため、「決定しなかった事」である。

にもかかわらず、「実美・具視の邸に臨幸」が「是の日（二十日）唐突にその命があった」のは、まさしく、十九日の夕刻から二十日の早天にかけて「一の秘策」が宮中に向けて講じられた結果であろう。右の『明治天皇紀』の記述と大久保らが実行した「一の秘策」とは、時間ならびに事の進行具合で完全に一致する。

「是の日唐突にその命があった」なかでも、三条邸臨幸は十八日夜以来「議」のあった件であるが、岩倉邸臨幸についてはまさしく「唐突」であったはずだ。実際、前述のように、二十日の当日の朝に突如岩倉に「宮内卿徳大寺実則」名で、

「本日午前十一時ご出門、三条太政大臣邸へ臨幸、その還幸がけ其の邸へ臨幸仰せ出があった。よってこの段、お達し及ぶものなり。」

と通達されている。そして、それが実際にあり、天皇は岩倉邸に臨幸して、そこで直々に岩倉に太政大臣攝行を命じている。つまりは、このことこそが「一の秘策」の眼目であったと考えられる。

そして、『明治天皇紀』の二十日の条の最後の段落には、「一の秘策」のことが次のように記されている。

「開拓次官黒田清隆、時局の困難に陥れるを憂うこと甚だ切なり。すなわち昨十九日利通を訪ねて商(はか)るところあり、利通、今や施すべき術なしといえども、只一の秘策なきにあらずとて所思を披瀝する。清隆その議を賛す。利通すなわち清隆をしてこれを宮内少輔吉井友実に謀らしめ、さらに(徳大寺)実則に説くところあらしむ。利通の秘策の内容は明らかならずといえども、姑(しばら)く(いちおう)ここに付記する。」

大久保の日記や大久保の十月十九日付黒田宛書簡が昭和初期に公開され、「一の秘策」の存在もすでに世に広く知られているため、昭和四四年に刊行された『明治天皇紀』で、そのことにまったく触れないわけにはいかなかったのであろう。「内容は明らかならずと言えども、姑くここに付記する」とある。事実、『明治天皇紀』は「一の秘策」については「付記」しただけで、それの内容やその策が実行されたかどうかなどについては何も触れていない。

実際のところ、『明治天皇紀』が自ら宮中工作や陰謀めいたことがあったことを書くわけにはいかないであろう。まして、それによって、天皇が突然に行動を起こし、岩倉邸に臨幸して太政大臣攝行を「聖諭」したなどということを書くわけにはいかない。

ここに、前節の『岩倉公実記』と同様に、『明治天皇紀』の十月二十日の条もまた、「一の秘策」抜きに、別の筋立てのストーリーを創り出して、この間のことを書かねばならない事情があったのである。そして、その結果が、これまで縷々説明してきたように、この条の虚偽と紛らわしさに満ちた記述なのである。
こういったことは、二次史料というもののあり方やそれの書き手（記録者や編者など）の立場等を考えれば、いくぶんなりと想像が付くはずだが、どういうわけか、ほとんどの史学者がそういったことに何ら注意せずに、『明治天皇紀』の虚偽の記述をそのままに信用し、それにもとづいてそれぞれに立論している。

高橋秀直は「征韓論政変の政治過程」（一九九三）で次のように言う。

「一九日の閣議の内容については宮内庁『明治天皇紀』三により明らかとなる。『十九日午前九時参議等正院に会して議する所あり、即日宮内卿徳大寺実則を以て、是の際具視をして太政大臣の事を攝行せしめんことを奏請す』である。
太政大臣が職務遂行不能の場合は、正院章程では次席大臣が代行することになっており、閣議は規定通りの決定を行ったのである。この決定は徳大寺宮内卿より直ちに奏聞され、その旨は江藤・大木・後藤・副島連名宛で復答された（同書一四五頁）。…。そして翌二十日、岩倉が太政大臣代理を命じられたのである。」[41]

高橋はここで、大きな間違いを二つしている。一つは『明治天皇紀』の虚偽の記述をそのままに受けているということであり、もう一つは『明治天皇紀』が「具視をして太政大臣の事を攝行せしめんことを奏請す」としているのを、勝手に「正院章程では次席大臣が代行することになっており、閣議は規定通りの決定を行った」と解釈していることである。

前者についてはすでに詳しく述べた。十九日正院に副島ら参議が集まり会議を開いたのは事実だが、その彼らが「即日宮内卿徳大寺実則を以て、是の際具視をして太政大臣の事を攝行せしめんことを奏請」させるようなことは決めていない。彼らが決めたのは再評議の閣議開催であり、それを右大臣の岩倉に伝えて早期開催を迫ったのである。

もう一つの大きな間違いであるが、確かに、太政官職制章程（高橋の言う「正院章程」）という規定があって、「左右大臣」については次のように決められている。

「職掌太政大臣に亜ぐ。太政大臣欠席の時はその事務を代理するを得る。」[42]

しかし、高橋が言うように、この規定にもとづいて「閣議は規定通りの決定を行った」りはしていない。こういった規定はどこにでもあるものだ。重要なポストに就いている者が留守をしたり病気をしたりして職務が遂行できなくなった場合を想定して前もって定めているもので、そうなった場合は、ほぼ自動的に取られる措置である。

事実、このとき、三条太政大臣が十八日早暁発病したのについても、それが尋常なものでないと判明した時点から、ほぼ自動的に次席の大臣岩倉が代理の職務を始めている。岩倉は実際、十八日・十九日には宮内省や三条家から盛んに連絡を受け、また指示も出している。

十九日に正院に集まった参議たちが、規定に従って岩倉の太政大臣代理就任を了承して、そのことを宮内卿の大徳寺から天皇に奏上させたのであれば、それはそれでよくわかる話だ。しかし、規定で決まることを「閣議」で「規定通りの決定を」して、それを天皇に「奏請」したりはしていない。

また、もしほんとうに、天皇に宸断を求めて「奏請」するのであれば、それは、次席の大臣である岩倉ないしは太政大臣代理に就いた岩倉がすべきことであって、宮内卿がすることではない。おそらく、宮内卿の徳大寺自身、頼まれても岩倉右大臣を差し置いて自分が天皇に「奏請」するようなことはしない。

なお、ここで、「攝行」、「事務攝行」や「代理」、「代行」などの用語が入り混じって使われていることには一定の注意を払っておかねばならない。「攝行」、「代理」、「代行」はほぼ同じ意味を持つが、このとき二十日に、天皇が実際に岩倉に命じた職務を『岩倉公実記』から引くと、それは、

「具視の邸に親臨し太政大臣の事を攝行すべしと親諭し給う。」

というものであり、また、『明治天皇紀』から引くと、

「優詔を具視に賜う。曰く、…、汝具視太政大臣に代わり朕が天職を輔け国家の義務を挙げ、…。具視謹みて、大命を拝す。」

というものであり、また、「具視をして太政大臣を攝行せしめん」としたものである。

筆者は、この岩倉が天皇から賜った職務を「太政大臣攝行」と呼んでいるのであり、その点では、高橋が言う「規定通りの」「太政大臣代理」でも、また、次に出てくる「三条太政大臣の代行」で

もない。この件については、次節の後段のところでもう一度取り上げる。

佐々木克（二〇〇六）もまた、高橋とほぼ同様に次のように言う。

「この日（十九日）の朝九時、参議〔江藤、大木、後藤、副島〕が集まって、岩倉を三条太政大臣の代行とするよう、宮内卿徳大寺実則を通じて奏請した。一刻を急ぐ緊急事態でもないのに、三条が倒れた翌日の朝に、代行をたてることを要請するということは普通ではない。大木を除く西郷派遣論者は閣議決定が天皇に奏上されることを急いでいたのである。

また彼らはこの日、西郷を派遣する場合の『手順』や『方略』などについて、閣議で評議することを求めていた。西郷の派遣を具体的に動かそうとしていたのである〔国立国会図書館憲政資料室『岩倉具視関係文書』〕。しかしこの岩倉太政大臣事務代行が大逆転への突破口となった。」[43]

天皇の最高位の輔弼（ほひつ）者の地位にある太政大臣三条が、執務不能に陥ったなら、直ちに代理を立てねばならない。それを急ぐことが「普通ではない」などとはとうてい言えない。また、そのためにこそ、あらかじめ規定が設けられているのでもある。

佐々木もまた、『明治天皇紀』の記述をそのままに受け入れ、その上に、さらに自己流の解釈を加えて自らの説を言う。佐々木は右の最後で、

「しかしこの岩倉太政大臣事務代行が大逆転への突破口となった。」

として、「西郷派遣論者」が「岩倉太政大臣事務代行」の決定を急いで、自ら墓穴を掘ったよう

な言い方をしているが、実際に「西郷派遣論者」以上に急いだのは、むしろ、大久保・木戸・岩倉ら派遣反対派である。

派遣反対派としては、職制章程にもとづく太政大臣の代理などではなく、天皇の直々の命による岩倉太政大臣攝行が是非にも必要であり、その実現を急いだのである。彼らにとっては、三条が回復しないうちに、岩倉を三条に代わる最高位の輔弼者に就けて上奏権を手中にする必要があった。その策略が、「一の秘策」であったのであり、また、伊藤が木戸宛書簡で「明朝になれば今日中の模様もわかると思います」と書いたものでもあった。

事実、その上奏権を握ったからこそ、現実にあったように、岩倉は三条の十月十五日の閣議での裁断に反する自身の意見を上奏することができ、天皇の裁可を得ることができたのである。職制章程による「太政大臣欠席の時はその事務を代理する」ような「岩倉太政大臣事務代行」ではそれができない。それの場合は、三条が裁断した西郷朝鮮遣使即時実行を、三条に代わって、その通りに上奏せねばならない。

佐々木が右で西郷支持派参議が「急ぐ緊急事態でもないのに」云々と書いているのは、大久保ら西郷派遣反対派がしたことを西郷支持派参議に着せた、言わば濡れ衣である。

## 四　新説の登場とそれへの傾斜

「一の秘策」については、その記載がある『大久保利通日記』（一九二七）が昭和二年に公刊され、また、翌三年には大久保の十月十九日付黒田宛書簡が収録されている『大久保利通文書』第五巻（一九二八）が公刊されて、一気にそれへの関心が高まり、史学者もその中身についていろいろと推測するようになる。

もっとも、それらの公刊前にも、大久保家が所蔵する大久保日記や大久保書簡の原本、あるいは宮内省や岩倉家にあるそれらの写本に接することができる人たちがいた。元薩摩藩士で明治期には史家として活躍した勝田孫弥もその一人で、明治二七年に刊行した『西郷隆盛伝』（一八九四）で、次のように書いている。

「岩倉に太政大臣の代理となり朝議をとるべきの降勅あるに至ったが、これらの処置は実に、大久保の発意に出でて、伊藤・西郷（従道）・黒田・吉井等の計画によって成ったものだと云う〔甲東叢紙、大久保日記等参照〕。」[44]

ここに「一の秘策」という言葉は出てこないが、「大久保日記等参照」とあり、[45]勝田が言う「大久保の発意」や「計画」が「一の秘策」のことを指していることは間違いない。また、「甲東叢紙[46]参照」とあることからして、そのなかに収録されている大久保の十月十九日付黒田宛書簡も参照していることになる。

勝田が「秘策」という言葉を表に出さずに「大久保の発意」や「計画」といった表現を取っているのは、宮中工作めいたことがあらわになるのを避けたためであろう。なお、これの関係者に黒田・吉井のほかに伊藤博文・西郷従道の名が挙がっているのは興味深いが、何を根拠にそう書いているのかはわからない。

勝田の『西郷隆盛伝』の十五年後の明治四二年に刊行された『西南記伝』（一九〇九）では、大久保の十月十九日の日記も全文引用して、次のように書いている。

> 「非征韓党の策士は、三条の疾病を機として蹶起し…、大に画策するところあり、木戸も憤発し、大久保も憤発し、岩倉もまた憤発し、あらゆる方法手段を講じ、宮廷運動まで試みられた。その結果として、岩倉は三条に代わり、首相の職を摂理することとなった。十月十八日、十九日、および二一日間における大久保の日記は仄かにその間の消息をうかがうに足るものあり。」[47]

木戸・大久保・岩倉らが「あらゆる方法手段を講じ、宮廷運動まで試み」て、岩倉が「首相の職を摂理することとなった」と書いているが、日記の引用中にある「一の秘策」の用語を取り上げることはなく、「大久保の日記は仄かにその間の消息をうかがうに足る」としている。

『西南記伝』が引用している大久保の日記の全文を読めば、「一の秘策」の陰謀性は明らかで、その内容も「仄かにその間の消息をうかが」わせるようなものではないが、『西南記伝』もまた、陰謀性が顕わになるような表現は避けたのであろう。

『西南記伝』が十月十九日の日記を全文掲載したからであろう、このあと勝田孫弥が明治四三〜四四年に著した『大久保利通伝』（一九一〇〜一一）では、大久保のその日の日記を全文引用し、また同日の黒田宛書簡も引用して、次のように言う。

「聖上はまた、この形勢を深く宸憂され、すなわち二十日、…岩倉の邸に行幸あらせられ、起ちて三条に代わり政務を見るべしと、…。岩倉は恭しく勅命を奉じた。これ実に利通の発意に出でて、黒田・吉井をして斡旋せしめたものである。」[48]

やはり「一の秘策」といった言葉は出さずに、「利通の発意に出でて、黒田・吉井をして斡旋せしめたもの」としている。

また、十九日の日記をそのまま引用しながら、それにある「ほとんど挽回の策なしといえども、只一の秘策あり」を、本文で引き出すところでは、「秘策」を「手段」に置き変えて「只一の手段あり」という表現に変えている。[49]

また、「十月十九日夜」付黒田宛書簡を引用するところでは、不都合なところを「(前略)」や「(中略)」として省いている。[50]

勝田も、史料を提供してもらっている大久保家への気づかいや宮廷への憚りがあったのであろう。少し古い時代のことになるが、以上のようなことは、史家による史料の使い方や記述の仕方の一面をよく示している。またこのことは、前節と前々節で見た『岩倉公実記』や『明治天皇紀』が、「一の秘策」を隠して、それを抜きに十月十五日の閣議決定(三条太政大臣による裁断)が岩倉太政大臣摂行によって覆されていく過程を記述しているのにも通じることだ。

また、大久保の「十月十九日夜」付黒田宛書簡を収録した『大久保利通文書』第五巻（一九二八）の編者は、その書簡の解説で十月十九日の日記も引いて次のように書いている。

「秘策について書を送ったものなり。けだし、利通は黒田・吉井の両人をして当時宮内卿であった徳大寺実則を勧説せしめ、岩倉公に大命を下されんことを画策した。二十日聖上すなわち三条公邸に行幸、病を訪わせられた後、岩倉公邸に行幸、太政大臣の政務を攝行すべき勅語を賜った。」[51]

ここでは、大久保の「只一の秘策」を「秘策」と書き「画策した」という表現も取っているが、やはり、「一の秘策」の陰謀性を抑えて、徳大寺を動かしたことを「徳大寺実則を勧説せしめ」と表現している。その書簡を実際に読めば、「勧説せしめ」た程度のものでないことは明らかだ。

しかし、この「勧説せしめ」という用語は使いやすかったようで、このあと徳富蘇峰（一九六一）もこれを使って、大久保の十月十九日の日記と黒田宛書簡を引用し、

「これ（黒田宛書簡）をもって日記を解くべし。また日記をもってこれを釈くべし」として、

「要するに大久保は黒田をして吉井を説かしめ、…、徳大寺をして岩倉に向かって三条病中の太政大臣を攝行せしめんとの聖旨を請い奉るべく、勧説せしめたものである。…。この如くして大久保の秘策は全く的中した。」[52]

と言う。

近年では、多くの史学者が「一の秘策」をはっきりと宮中工作や陰謀として論じるようになるが、その目的については、勝田孫弥（一八九四）以来、特に変わることなく、岩倉を太政大臣攝行に就けるためのものであったとしてきた。

ところが最近、それを否定して、「一の秘策」は岩倉右大臣を太政大臣攝行に就けるためのものではなかったとする説が、多くの史学者によって支持されている。

そして、この説のもとになっているのが、先に筆者が批判した高橋秀直の論文「征韓論政変の政治過程」（一九九三）で、高橋が注釈で述べた左記の見解である。

高橋はその論文の本分で、

「閣議に無断で宮内卿より内密の上奏〔しかも閣議決定と異なる上奏〕を行わせること・天皇側近に働きかけ彼らに政治的行動を取らせること、これらは明らかに宮中陰謀であり、不明朗な行為であった。しかし岩倉らは自分たちの勝利のため敢えてこれを行ったのである。」[53]

とし、これに注を入れ、その注釈で次のように書いている。

「この政変の過程で大久保らが何らかの謀略＝『一ノ秘策』を行ったことはよく知られている。通説では、この謀略は岩倉を太政大臣代理にすることであるとされている。

しかし一過性の病気であっても三条は直ちに職務にもどれる状態にはなく、政務を渋滞させないためには、太政大臣代理の任命は当然である。そして本文で見たように、この任命は征韓派が大半をしめる閣議で正院章程通り決定したものであり〔征韓派にとっても西郷遣使の速やかな裁可のためには代理の任命が必要である〕、通説は成り立たないと言えよう。

この『一ノ秘策』は大久保の意を受けた黒田が、吉井友実〔宮内少輔〕を通して徳大寺宮内卿に働きかけ実行したものであり、徳大寺をキーとする何らかの宮中陰謀であったことは明らかである。この点より見てこの徳大寺の秘密上奏が『一ノ秘策』の内容であったと思われる。」[54]

高橋はここで、「一の秘策」は通説では「岩倉を太政大臣代理にすることであるとされている」が、岩倉太政大臣代理は「征韓派が大半をしめる閣議で正院章程通り決定したものであり、通説は成り立たない」と言うが、高橋がここで論拠にしている「征韓派が大半をしめる閣議で正院章程通り決定した」としているのは、『明治天皇紀』の虚偽の記述をそのままに踏襲した間違いの上に、さらに、「正院章程通り決定した」という高橋独自の誤解を加えた大きな間違いであることは前節で詳しく述べた通りだ。したがって、高橋のこの通説批判は論拠が間違っており「成り立たない」。ところが、「徳大寺の秘密上奏が『一ノ秘策』の内容であったと思われる」と高橋が注釈で示した見解が他の史学者によって高橋による新説のように扱われて、最近、次に見るようにとみに多くの史学者によって支持されている。

西川誠（二〇〇二）は、

「三条卒倒後の内治派逆転劇は、大久保の『一の秘策』の実行によると説明されている。一般に『一の秘策』とは、岩倉の太政大臣代理就任〔そのための宮中工作を含む〕と理解されている。高橋秀直氏は、征韓論政変の政治過程における争点変化を厳密な史料批判によって克明に解明した研究で、太政大臣代理就任は征韓派参議優勢の閣議で決定され『一の秘策』ではあり得ないことを論証し、徳大寺の内治論の秘密内奏による天皇の意思の確立という宮廷工作が『一の秘策』であろうと述べている。」[55]

と言う。

確かに、高橋の「征韓論政変の政治過程」(一九九三)ほか「征韓論政変」や朝鮮政策について論じた一連の論文は、高く評価されるべきもので、筆者もそれらから多くの知見を得た。[56] しかし、「一の秘策」の解釈については、先に見たように、高橋は注釈で述べているに過ぎず、十分な「論証」などしていない。

また、勝田政治(二〇〇三)も、

「大久保は翌一九日、黒田清隆と逆転に向けての『一の秘策』を謀議する。従来この『秘策』は、岩倉を太政大臣代理とし、閣議決定を天皇に上奏する際に岩倉に独自の発言をさせて、遣使即行を阻止するというようにとらえられてきた。しかし、最近高橋秀直氏はこうした理解が誤りであることを明らかにした。」[57]

として、

「岩倉が太政大臣代理に就任することは、太政官職制にのっとった措置である。…。そして、岩倉の就任は一九日の閣議〔江藤・副島・後藤・大木が出席〕で決定され、翌二十日に発令された。

『秘策』でもなんでもないのである。（中略）それでは、『秘策』とは何であったか。それは、閣議決定を無視した宮内省長官徳大寺実則の秘密上奏である。」[58]

と言う。

また、落合弘樹（二〇〇五）も、

「三条が倒れた結果、正院章程にもとづいて右大臣の岩倉が代行を務めることとなり、十九日閣議で承認された。一方、大久保は黒田清隆らと協議を行い、宮内卿徳大寺実則に延期論にもとづく秘密上奏を行わせ、同時に西郷らの参内を阻止するという『一の秘策』を構築する。黒田は吉井友実を動かして徳大寺の同意を獲得した。徳大寺は手筈どおりに秘密上奏を行ったと二二日に岩倉に報告している。〔高橋秀直「征韓論政変の政治過程」〕」[59]

と言う。

落合も右の二人とまったく同じように、高橋の説に同調している。しかし、落合が大久保・黒田が徳大寺に「延期論にもとづく秘密上奏を行わせ、同時に西郷らの参内を阻止するという『一の秘策』を構築する」として、「徳大寺は手筈どおりに秘密上奏を行ったと二二日に岩倉に報告している」というのは、落合独自の解釈のようであるが、これも落合の取り違いによる誤解である。

徳大寺が岩倉に報告したのは、岩倉から指示があったからで、十九日から二十日早天にかけて実行された大久保・黒田の「一の秘策」そのものとは関係がない。徳大寺は二二日に岩倉から、西郷ら参議による「赤坂出頭（直訴）も万が一は計りがたく」[60]との注意を受け、それに対してすぐに岩倉に、

「ごく内々に云々奏上の事、何人より切迫の言上があっても、（天皇が）少しもお動きなきよう、小生どももこの上厚く注意します。」[61]

と返書しているのである。「一の秘策」そのものは二十日早天で完結している。大久保は二十日の日記に「今日無事」と書き込み、また黒田は、二三日に大久保宛の書簡で「西郷君に対し恥じ入る次第」と心中を吐露している。

また、ここにある「ごく内々に云々奏上の事」というのは、高橋やその同調者が言う「秘密上奏」と言うものには当たらない。太政大臣攝行に就いて上奏権を持つ岩倉の指示によって宮内卿の徳大寺が行ったもので、必ずしも不当なものとは言えず、内々の事前上奏とでも言えるものである。右の誰もが、岩倉の「太政大臣就任は征韓派参議優勢の閣議で決定され」たことで、「太政官職制にのっとった措置である」とし、また「一の秘策」は、たとえば勝田政治の言葉で代表させれば「閣議決定を無視した宮内省長官徳大寺実則の秘密上奏である」と言う。

大久保利通は先に見たように黒田が「一の秘策」を着手したときの「十月十九日夜」付の書簡で、「徳大寺殿はご存知の通り純良の人物にて、とても自ら成すという器に乏しく」と書いていたが、そのような人物が、大久保らの外部からの働き掛けで、天皇に「閣議決定を無視した」「秘密上奏」などができるとは思えない。また実際、大久保が自分自身そう評する人物に、そのようなことをさせるとも思えない。

徳大寺は大久保・黒田の工作によって「秘密上奏」をしているわけではない。徳大寺は太政大臣攝行に就いた岩倉の指示によって天皇に言わば事前上奏をしているのである。

さらに最近では、家近良樹（二〇一一）も、

「大久保は、十月十九日、三条がこの日辞表を提出すると、黒田に『挽回ノ策』として『一ノ秘策』を授けた。これは宮中工作〔天皇への事前工作〕の指示であった。宮内少輔の吉井友実を通して宮内卿徳大寺実則へ働きかけ、徳大寺に天皇へ極内々に遣使延期の上奏を行わせることで西郷の派遣を阻止しようと図ったのである。そして翌二十日、明治天皇が岩倉邸に親臨し、太政大臣の職務を三条に代わって勤めることを命じ、その結果、岩倉が太政大臣代理に就任する。」[62]

と言う。

家近は、右で十九日に実行された「一の秘策」は「徳大寺に天皇へごく内々に遣使延期の上奏を行わせること」であったとし、「そして翌二十日、明治天皇が岩倉邸に親臨し、太政大臣の職務を三条に代わって勤めることを命じ」たと言うのだが、それらはそもそも、順序が逆ではないか。

何も大久保・黒田などが外部から徳大寺宮内卿に「内々に遣使延期の上奏を行わせ」たりしなくても、天皇から太政大臣攝行の任命を受けた岩倉がそれを宮内卿の徳大寺にさせれば何の問題もない。大久保・黒田はまさしく、そのためにこそ、天皇の岩倉邸行幸を謀り岩倉太政大臣攝行の任命を急いのである。徳大寺にしても、大久保・黒田から「秘密上奏」をするように言われても、おいそれとできるものではないが、太政大臣攝行に就いた岩倉から指示されればそれに従うまでのことである。

そして、さらに最近になるが三谷博（二〇一七）もまた、前掲の史学者たちの多数意見に追随しているのであろう、

「天皇は太政官職制どおり岩倉を太政大臣の代理に指名した。……。その裏面では、大久保が内廷工作をした。宮内卿の徳大寺実則に連絡を取り、天皇が延期論を採るように内奏してもらったのである。」[63]

と言う。「天皇は太政官職制どおり岩倉を太政大臣の代理に指名した」りはしていないし、また、大久保の「内廷工作」は、徳大寺に「延期論」を「内奏してもら」うために実行したものでもない。大久保の「内廷工作」は、天皇に岩倉邸に行幸してもらって、岩倉に直々に上奏権を持つ輔弼筆頭の太政大臣攝行を命じてもらうためのものであった。

右の論者たちはともに高橋説に同調して、岩倉が太政大臣代理に就いたのは参議たちが十九日の「閣議」で職制章程にもとづいて決めたことで、「一の秘策」とは何ら関係がないとし、その上で、「一の秘策」は宮内卿徳大寺に閣議決定とは異なる秘密上奏をさせるものであったと言う。

しかし、彼らが同調している高橋説が成り立たないことについては、先述の通りである。繰り返すが、右の史学者の誰もが『明治天皇紀』は参議たちが十月十九日の会議で岩倉太政大臣攝行を決めたとしているが、実際には参議たちはそんなことは決めていない。またこのとき、天皇が岩倉邸にわざわざ行幸して命じた太政大臣攝行というのは、太政官職制章程の規定によって決まるような太政大臣代理とはおよそ違うものである。

前節で取り上げた高橋秀直（一九九三）、佐々木克（二〇〇六）、それに高橋の「一の秘策」説同調者もみなが同様に、天皇が岩倉邸に行幸して直々に命じた太政大臣攝行と職制章程の規定によって決まる代理とを完全に混同してしまっている。そのために、「一の秘策」についても、右のようなことが堂々と言えるのである。

ここに見られる史学者たちが新説に賛同して一斉にそれに傾斜する傾向は、かつて見られた、毛利説への賛同とそれへの傾斜によく似ている。右に見た傾向は、定説のようになっていた「一の秘策」は岩倉を太政大臣攝行にするためのものという説に代わって、「一の秘策」は宮内卿徳大寺に秘密上奏をさせるためのものという新説が唱えられると、多くの史学者が一気にそれに傾斜するものであり、かつて見た傾向は、やはり、定説のようになっていた西郷征韓説に代わって西郷平和的交渉説の新説が唱えられると、多くの史学者が一気にそれに傾斜するものであった。

斯界ではどうやら、従前説を無批判に踏襲する傾向がある一方、新説が唱えられると一気にそれに傾斜する傾向もあるようだ。もっとも、こうした傾向はここに限らずどの学問分野でも、ないしはどの社会でもあることなのかもしれない。

筆者はすでに前著Bの第六章と第七章で、ここで論じている大方のことは述べておいた。しかし、これまで何の反論もなく無視されているので、再度ここでも、やや長々と批判の論拠を述べた。斯界の有力な史学者たちがこぞって支持する説を否定するのは、筆者のような者にとってはただ蛮勇をもってするほかはない。以下、念のため、批判の論点についてもう少し説明を加えておく。

二十日に天皇が岩倉に命じた太政大臣攝行は、規定で決まるような代理とはその職務や権限においてまったく異なるものだ。

天皇が臣下に何かの役職を命じるのに、その者の邸に行幸したりすることは普通ない。役職を命じる場合は、その者を朝廷や宮中に呼んで任命する。相手が遠方にいて参内等できない場合は、勅使が送られる。いわんや、規定によって決まる職務のために、天皇がその者の邸に行幸してそれを命じたりすることはない。

このときの岩倉邸への行幸は突発的で、かつきわめて異例のことであった。『明治天皇紀』によると、天皇は「邸に臨幸」して「汝具視太政大臣に代わり朕が天職を輔け国家の義務を挙げ、…」と命じ、「具視謹みて、大命を拝す」とある。規定によって決まる代理を命じたり、それに就いたりするのに、このようなたいそうな方法や表現は取らないであろう。

天皇が岩倉に命じた太政大臣攝行は、三条に代わって単に太政大臣の事務を代理するようなものではない。三条が職務に復帰するまでの期間ではあっても、その間は三条に代わって太政大臣の職務の全部を攝行させるものである。つまり、この「大命」によって、岩倉は天皇輔弼の最高責任者となり、上奏権が行使できる立場に立ったのである。また、そのためにこそ、大久保・黒田は危険を顧みず「一の秘策」を実行したのである。

規定による太政大臣代理と天皇の命による太政大臣攝行の違いを浮き彫りにするような討議が実際に、十月二二日の西郷支持派参議と岩倉との談判の席であったようである。『岩倉公実記』はその討議のことを次のように記している。

「（江藤）新平曰く、攝任者の務めは原任者の意を遵行するにある。…。具視曰く、予不敏と言えども三条氏その人に代わって職事を理めるに非ず、旨を奉じて太政大臣の事を攝行するなり。予の意見を併せてこれを具奏するも何の不可があるのか。…。」[64]

江藤が三条太政大臣の「攝任者」は「原任者」三条の裁断に従いそれを継がねばならないと主張したのに対して、岩倉は自分は「三条氏その人に代わって職事を理めるに非ず、旨を奉じて太政大臣の事を攝行するなり」と応じている。

ここで岩倉が「旨を奉じて」と言っているのは、岩倉のこの江藤への応答ならびに『岩倉公実記』の「口演の大要」の中に「車駕親臨（天皇が岩倉邸に行幸）、聖諭を奉ずる」とあることからして、自分は断然、天皇の命を受けて攝行に就いているのであって、単に職制章程によって決まるような代理に就いているのではないと言っていることになろう。

『岩倉公実記』がここで書いていることは、岩倉がこの談判のことを大久保に伝えた二二日付書簡で、

「条公の意を継ぐ云々の議論も大分ありましたが、これも江藤答弁なくあい済みました。」[65]

と書いている一次史料から裏付けられる。弁論家の江藤がわりあい簡単に引き下がったのも、やはり、岩倉が単に職制章程によってではなく、天皇の直々の命を受けて攝行に就いていたからであろう。

当時の参議ら閣僚たちは、太政官職制章程の規定によって太政大臣代理に就くのと、天皇の命によって新たに太政大臣攝行に就くのとでは、職権に大きな違いがあることを十分に承知していた。それを混同して、それぞれ馴れ合いの論を立てているのは現代の史学者たちである。西郷派遣支持派の参議たちは、岩倉右大臣が職制章程の規定によって太政大臣代理に就くのは当然のこととして承諾しただろうが、十九日の会議で、岩倉が天皇の命を受けて太政大臣攝行に就くようなことを決めたりはしていない。『明治天皇紀』がその件で虚偽の作り事を書いているのは、このことからも明らかである。現代の史学者たちはその虚偽を真に受けているのである。

十九日に会議をした西郷派遣支持派の参議たちは、二十日に天皇が三条・岩倉両家に行幸して岩倉に攝行を命じるようなことは想像もしていなかったであろう。実際、十九日の正院での会議のあと岩倉邸に行った副島ら参議たちは、そこで岩倉から天皇の三条家行幸の相談を受けた際、「親臨あらせられない方が然るべきと」(前掲の岩倉の十月十九日付徳大寺・東久世宛書簡案)応じている。つまり、正院での会議のあとも、西郷派遣支持派の参議たちは、天皇の三条邸行幸でさえ、急いでするべきでないと賛成していなかったのである。

さて、このほか、前節で引いた高橋とともに、右の西川・勝田・落合らがこぞって史料を使う上で、史学者としてはきわめて初歩的な過誤をしていることを指摘しておかねばならない。

高橋は『明治天皇紀』の記述を使って、「十九日の閣議」とか「閣議は規定通りの決定を行った」とか言い、また西川・勝田・落合も同様に、「太政大臣就任は征韓派参議優勢の閣議で決定され」とか「岩倉の就任は十九日の閣議で決定され」などと言う。

しかし『明治天皇紀』自身は、このところの記述で「閣議」という言葉は一度も使っていない。むしろ、「十九日午前九時参議等正院に会して議する所あり」という回りくどい言い方をしている。『明治天皇紀』も無論、太政大臣の三条が主宰したものについては、各所で「閣議」や「廟議」という言葉を使っている。しかし、十九日の正院での会議は、太政大臣三条は病欠で右大臣の岩倉も欠席しているため、正式の閣議とは呼べないので、その言葉は使っていないのである。

また、会議を開いた参議の副島たちの方も、その会議で決めたことをわざわざ「同僚決議」というような言い方をしている。その上で、副島らは岩倉のもとを訪ね、右大臣の岩倉に再評議の閣議を開くよう迫っているのである。閣議で決めたというような言い方を避けているのである。

そういった史料自体の言葉の使い方や、当該時期の事の推移やその背景などに無頓着に、史学者たちが史料には書かれてもいない「閣議」という言葉を使って、そのときの会議が正式の閣議であったかのような認識を持ち、あれこれと推論するとはいったいどういうことであろうか。史料に真摯に向き合っていないことを自ら示しているようなものである。このようなことでは、史学者は信用されないのではないか。

注
1 『大久保利通関係文書』第三巻、吉川弘文館、一九六八年、一一頁。
2 『大久保利通文書』第五巻、東京大学出版会、一九二八年、七八―七九頁。

3 『明治天皇紀』第三巻、吉川弘文館、一九六九年、一四五頁。
4 国立国会図書館憲政資料室蔵「岩倉具視文書」、「明治六年　岩倉家蔵書類　征韓論一件」。引用は、マイクロフィルム版による。
5 前掲『大久保利通文書』、九四頁。
6 同上書、九二―九三頁。
7 川道麟太郎、前著B、第五章五節参照。
8 『岩倉公実記』下巻、原書房、一九〇六年、一一二〇―二一頁。
9 同上書、一一三三頁。
10 同上書、一一二一頁。
11 『木戸孝允文書』第五巻、東京大学出版会、一九三〇年、六一―六二頁。ちなみに、この書簡には、文頭に「ご一覧後、必ず御火中下されたし」と書かれ、また文末にも「内密御答」と書き込まれている。木戸はこの書簡が、他の者に読まれることや後世にのこることを相当強く警戒したようである。
12 『木戸孝允関係文書』第二巻、東京大学出版会、二〇〇七年、四三―四四頁。
13 前掲『木戸孝允文書』、六二―六三頁。この木戸の十月二四日付岩倉宛書簡は『岩倉公実記』にも掲載されている（下巻、一九〇六年、一一三七―一一三八頁）。
14 前掲『木戸孝允関係文書』、四四頁。
15 前掲『岩倉公実記』、一一三九頁。
16 国立国会図書館憲政資料室蔵、前掲書。
17 『三條実美公年譜』第二八冊・巻二七、一九〇一年（覆刻、一九六九）、三四―三七頁。なお、岩倉への辞表奏請依頼状も二種のものが『三條実美公年譜』に掲載されている。そのうちひとつ（三五―三六頁）は『岩倉公実記』掲載のもののひとつ（一一二〇頁）と同じで、もうひとつ（三六―三七頁）は、内容からして、一度辞表が却下された十月二九日後に再度提出したときのものと察せられる。
18 『大隈重信関係文書』第二巻、東京大学出版会、覆刻版（もとは一九三二年）、一九七〇年、一九〇頁。
19 十月十五日の閣議決定直後の西郷派遣反対派の活動については、ここで取り上げる岩倉宛大木書簡の件も含めて、筆者の前著Bの「第五章　逆転の策謀」で述べている。

20 国立国会図書館憲政資料室蔵、前掲書。
21 『西南記伝』上巻一、黒龍会本部、一九〇九年、四三七—四三八頁。
22 『大西郷全集』第三巻、平凡社、一九二七年、七四九—七五〇頁。
23 『西郷隆盛全集』第三巻、大和書房、一九七八年、四二一頁。
24 佐々木克『幕末維新の個性5 岩倉具視』、吉川弘文館、二〇〇六年、一七五頁。
25 坂野潤治『近代日本の国家構想』、岩波書店、一九九六年、二三頁。
26 御厨貴編『近現代日本を史料で読む』、中公新書、二〇一一年、四四頁。
27 阿部猛・田村貞雄『明治期日本の光と影』、同成社、二〇〇八年、六六頁。もっとも、この引用部は、田村が論敵の毛利敏彦が『明治天皇紀』を参考に述べているのを批判して書いているところで、いくぶん誇張気味の表現になっているのかもしれない。
28 岩井忠熊『明治天皇—「大帝」伝説—』、三省堂、一九九七年、六頁。
29 『明治天皇紀』第三巻、吉川弘文館、一九六九年、一四四頁。以下の同様の引用部は一四四頁から一四五頁の間から。
30 三条実美の兄・三条公睦の実子。
31 国立国会図書館憲政資料室蔵、前掲書。
32 佐々木克他編『岩倉具視関係史料』上巻、思文閣出版、二〇一二年、三四九—三五〇頁。
33 前掲『三條実美公年譜』、三三一—三四頁。
34 『明治天皇行幸年表』、東京大学出版会、一九三三年、六三頁。
35 参議たちが十九日に正院で開いた会議というのは、もともと、三条が十八日に招集していた閣議が三条の突然の発病で流会になったため、その招集に応じて参集していた参議たちが急きょ閣員に招集をかけて翌日に開いたものである。なお、三条が十八日に招集していた閣議というのは、その前日十七日の閣議が、岩倉・大久保・木戸の不参のために開けず、延期していたものである。
　十九日の会議への参加を呼び掛ける招集状に、「大事件ができたにつき、明十九日第九時までに遅刻なくご出仕あられたく」(『大隈重信関係文書』第二巻、一九四頁)とあり、その招集状が大隈と江藤のもとにのこっている。それの江藤宛のものに「大木参議・板垣参議・副島参議」(『江藤南白伝』下巻、二五三頁)の三参議の差出人名があり、その三人が十八日の流会となった閣議に参集して、そこで急きょ招集状を出した参議であることがわかる。そして実際に十九日に集まった参議は、『明治天皇紀』の十月二十日の条の記述から、副島・後藤・江藤・大木の四人であることが推定できる。その招集状は無論、岩倉、西郷や大久保にも送られたはずだが、彼らは応じていない。

36 国立国会図書館憲政資料室蔵、前掲書。なお、この書簡は、本文で引用した部分のあと（「（後略）」のところ）次のように続く。

「頃日（このごろ）の次第最早世間に紛々あい聞こえ、中には附句だんだんにある哉に承り、驚き入っているところです。全体その節はあい洩れないよう約束もしていたところ、右の都合については、下官より大久保へ申し通す儀は詮無いことと思いますのでお断りします。閣下よりお申し通しされるべきと存じます。右なくば下官はただ罪を待つのみになります。この段、御意を得たく思います。」

副島はここで、自分からは大久保に「同僚決議」の件は伝えられなくなったので、岩倉から伝えるように申し立てている。副島がこの書簡を出したこの二十日の午前中には、天皇の三条・岩倉両家行幸があって、岩倉が太政大臣摂行に任じられる事件が起きていたので、副島のこのような主張になったのではないかと推察されるが、詳細はわからない。ただ、この件は本論の論点と直接関係がないので、本文の引用では「（後略）」とした。

37 『木戸孝允関係文書』第一巻、東京大学出版会、二〇〇五年、二四八―二四九頁。なお、これ以前の『伊藤博文伝』上巻、一九四〇年、七五九―七六〇頁、にも掲載されている。

38 同上書、五八頁。

39 前掲『木戸孝允文書』、五六頁。

40 三条が倒れる以前では、三条の上奏を遅らせるための手段として、岩倉も「前途のご方略懇々ご評議」すべきことを提案していた（岩倉の十月十六日付大久保宛書簡）。

41 高橋秀直「征韓論政変の政治過程」、『史林』七六巻五号、一九九三年、六五頁。

42 国立国会図書館デジタル化資料『太政官職制沿革原文』、参照。指原安三『明治政史』、慶応書房、一九四三年（初版は一八九二）、一七四頁、等にもその記載がある。

43 佐々木克、前掲書、一七五―一七六頁。

44 勝田孫弥『西郷隆盛伝』、覆刻版（もとは一八九四）、至言社、一九七六年、第五巻、九八頁。

45 勝田孫弥が大久保日記を見ているのは、『西郷隆盛伝』（一八九四）でも大久保の十月十五日の日記についてはそのままを引用していることからもわかる（九五―九六頁）。

46 主に大久保利通宛の来簡および記録類が収録されている。
47 前掲『西南記伝』、四三九頁。
48 勝田孫弥『大久保利通伝』、覆刻版（もとは一九一〇―一一）、臨川書房、一九七〇年、一三九頁。
49 同上書、一三七頁。
50 同上書、一三八頁。
51 『大久保利通文書』第五巻、東京大学出版会、一九二八年、七九―八〇頁。
52 徳富猪一郎『近世日本国民史（征韓論後篇）』、近世日本国民史刊行会、一九六一年、二四七頁。
53 高橋秀直、前掲書、六九頁。
54 同上書、七三頁。
55 西川誠「木戸孝允と宮中問題」、沼田哲『明治天皇と政治家群像―近代国家形成の推進者たち―』、吉川弘文館、二〇〇二年、四二頁。
56 なお、高橋秀直氏は二〇〇六年に五一歳の若さで亡くなられた。この分野の研究・発展にとって大きな痛手であった。
57 勝田政治『政事家大久保利通』、講談社、二〇〇三年、一四五頁。勝田は同様のことを、「征韓論政変と国家目標」、早稲田大学社会科学研究所『社科学討究』第四一巻第三号、一九九六年、一四三頁、で書いている。
58 同上書、一四五―一四六頁。勝田は同様の言述を近著『大久保利通と東アジア』（二〇一六）、四〇―四三頁でもしている。
59 落合弘樹『西郷隆盛と士族』、吉川弘文館、二〇〇五年、一八九頁。
60 『岩倉具視関係文書』第五巻、東京大学出版会、一九三一年、三五四頁。
61 国立国会図書館憲政資料室蔵、前掲書。
62 家近良樹『西郷隆盛と幕末維新の政局―体調不良問題から見た薩長同盟・征韓論政変―』、ミネルヴァ書房、二〇一一年、五三頁。
63 三谷博『維新史再考―公議・王政から集権・脱身分化へ―』、NHK出版、二〇一七年、三七一頁。
64 前掲『岩倉公実記』、一一二四頁。
65 前掲『岩倉具視関係文書』、三五四―三五五頁。

# 第四章　西郷遣使論を語る史料

西郷が自身の朝鮮遣使のことを自ら語った一次史料としては、西郷が板垣退助に送った一連の書簡と三条太政大臣に提出した八月三日付「建言書」、それに十月十七日付の「出使始末書」がある。本章ではまず、一般に「始末書」と呼ばれる史料が、廟堂でいわゆる「征韓論争」があった当時に実際に存在していたかどうかに検討を加え、次いで右の史料のどれにも記載がある「最初のご趣意」という用語の意味を明らかにしておく。この用語は西郷遣使論のキーワードになるものであるからだ。

続いて、木戸孝允が唱えた「征韓論」と西郷の朝鮮遣使論の関係を明らかにし、最後に、朝鮮遣使論を唱えたころの西郷の心事を見ておく。

## 一　「始末書」と呼ばれる史料

史料集や歴史書が収録している史料には、当該の時期には実在していなかったものが含まれていることがある。ここで取り上げる「始末書」と呼ばれる史料、そして、『大久保利通文書』（一九二八）が「明治六年十月」の「征韓論に関する意見書」として収録し史学者が「七カ条反対意見書」と呼んでいるもの、また、『岩倉公実記』や『明治天皇紀』が太政大臣三条が八月十七日の閣議決定を上奏して授かったとして掲載している勅答なども、いわゆる「征韓論争」当時には実際に存在していたかどうか疑わしい。それらを当時に存在した史料として使う場合には、特に注意を要する。

右記のいずれの史料についても、当時の三条・岩倉・西郷・大久保・木戸・板垣・大隈ら当該者たちがのこした史料には、それらについて触れたものが管見では見当たらない。それらの非存在については、十分ではないが、これまでの拙著三冊のいずれかで論証を試みている。[1] ここでは、史学者が西郷の朝鮮遣使論を述べるなかで必ずと言っていいほど取り上げる「始末書」について、廟堂での論争当時には実在していなかったことを最終的に結論付けておきたい。

勝田孫弥は明治二七年刊行の『西郷隆盛伝』（一八九四）で、次のように書いて「始末書」と呼ぶ文書を掲載している。

「隆盛は既にその意見を陳述した。今や閣議の決定いかんによってその進退を決することになるが故に、従来の始末書を認（したた）めてこれを三条に呈し十五日の閣議には登閣せずその決議を待った。その始末書は実に隆盛の意見を知るべきものなればこれを左に掲載せん。」[2]

掲載された文書の末尾には「十月十五日　西郷隆盛」とあり、勝田はそれに「在鹿児島　故野村氏蔵」という括弧書きを入れている。この文書を最初に「始末書」と呼んだのも、どうやら勝田らしい。

しかし、勝田が『西郷隆盛伝』(一八九四)を著したこの時期にはまだ知られていなかったのだろうか、この「始末書」とは別に、『岩倉公実記』(一九〇六)が「出使始末書」と呼んで掲載している十月十七日付の同様の文書がある。これについては『大西郷全集』第二巻(一九二七)が西郷直筆の原本の写真を口絵に載せており、誰にもその実在が確認できる。それには、宛名はなく末尾に「十月十七日」の日付と「西郷隆盛」の名前が入っている。

この十五日付と十七日付の二つの文書は、ほぼ同文と見られなくはないが、文言レベルでは違うところも多い。そこで、まず、実在した「出使始末書」の内容とそれを西郷が提出するに至った経緯に検討を加え、その上で次に、勝田が言う「始末書」がほんとうに実在したかどうかを検討する。

『岩倉公実記』(一九〇六)は十月十七日付の「出使始末書」について、

「この日(十七日)…。夜に入り、実美は具視の邸に至り隆盛の出使始末書を示して具視と反復討論をする。具視と実美の意、遂に合わず隆盛の出使始末書に曰く、」[3]

として、それを掲載している。

ここで、『岩倉公実記』が「夜に入り、実美は具視の邸に至り隆盛の出使始末書を示して具視と反復討論をする」としているのは、三条がこの日岩倉から、

「進退を決心するほかはないと考えています。なにぶん、今日は持病困苦につき不参とさせてもらいます。」[4]

という通知を受け、何とかその決心を思い留まらせようと夜になって岩倉邸を訪ね、「出使始末書を示して」討論したという意味である。

三条は、十月十五日の最終の閣議では西郷に辞職されては「救いがたい大患」[5]になるとして西郷派遣即行を裁断したものの、この十七日には今度は、大久保・木戸両参議から辞表を提出され、さらに岩倉からも右のような通知を受けて、西郷派遣反対派からの激しい抵抗にさらされていた。

「出使始末書」は次のようなものである。全文を引く。

「朝鮮ご交際の儀

御一新の涯より数度に及び使節を差し立てられ、百方お手を尽くされましたが、ことごとく水泡になったのみならず、数々の無礼を働いていることとあり、近来は、人民互いの商道もふさぎ、倭館（釜山にある大日本公館）に詰めている者もはなはだ困難をきたすに立ち至り、拠無く護兵一大隊を差し出されるべくご評議の趣きは承知しておりますが、護兵の儀は決してよろしくありません。

これよりして闘争に及べば、最初のご趣意に相反しますので、この節は、公然と使節を差し立てられるのが相当のことであるべきで、もし、彼（朝鮮）から交際を破り戦いをもって拒絶するようなことがあっても、その意底がたしかに顕になるところまでは尽くされずしては、人事においても残るところとなります。

暴挙を計られるかもしれないなどとのご疑念をもって、非常の備えを設けて差し遣わされては、また礼を失せられますので、是非、交誼を厚く成されるご趣意を貫徹致すようこれありたく、その上で、暴挙の時機に至って、初めて彼の曲事を分明に天下に鳴らし、その罪を問うべき訳でございます。

今だ、十分に尽くさざるをもって、彼の非のみを責めては、その罪を真に知るところとはならず、彼我ともに疑惑致す故、討つ人も怒らず、討たれる者も服することができないので、是非、曲直判然と相定める儀、肝要の事と見据えて建言いたしましたところ、(閣議で)ご採用に相成り、(聖上に)お伺いの上、使節を私に仰せ付けられる筋(すじ)、ご内定に相成っている次第です。この段、成り行きを申し上げます。以上。

十月十七日　　　　西郷隆盛」

要旨は次のようになろう。

護衛の兵を送ったりして、最初のご趣意に反し、それで戦いになるようなことになってはなりません。この節は、あくまで使節を公然と立てて、交誼を厚くなされるご趣意で、話し合いを尽くすことこそが肝要です。その上でなお、朝鮮側が暴挙に出るようなことになれば、そのときに初めて、その曲事を天下に鳴らして、その罪が問えるわけです。

是非とも曲直を判然とさせることこそ肝要と建言いたしましたところ、閣議でご採用になり、陛下にお伺いの上、その使節を私に仰せ付けられることがご内定になっている次第です。この段、成り行きを申し上げます。

この「出使始末書」は十月十七日に書かれたものだから、それまでの「成り行きを申し上げます」と言うのであれば、重要な評議と決定のあった十月十四日と十五日の閣議のことが書かれていなければならないはずだ。ところが、それらについては何も触れられていない。つまり、この文書の日付は十月十七日になっていても、書かれている内容はすべて、留守政府で決まったことまでの「成り行き」ということになる。

留守政府で決まったこととして、西郷が右に書いているような認識を持っていたことは間違いない。西郷は十月十四・十五日の閣議以前の十月十一日付の三条宛の書簡で、

「不肖（私）をお遣わしの儀、最初、お伺いの上、ご許容になっており、今日に至ってご沙汰替り等の不信の事ども発しましては、天下のため、勅命軽き場になりますので、そのところは決してご動揺ない御事(おんこと)とは拝察致しておりますが、段々そのような説もあるように承知していますので、念のため申し上げておきます。」

と書いている。これにある「お伺いの上」は、「出使始末書」にある「お伺いの上」と言葉使いも同じである。

しかし、そうなると、西郷がどうして十月十七日になって、このような留守政府で決まったいきさつをわざわざ文書にして、三条に提出することになったのか、それが問題になる。

それについて、『大西郷全集』第二巻（一九二七）の編者は、「出使始末書」を解説して次のように言う。第一章二節で引いたものと重複するが再度引く。

「翌十五日、続いて閣議を開くことになった。隆盛はその日は出席せずにこれまでの経過を記したこの書をしたためて閣議に提出した。十五日の閣議にこの書を提出したということは西郷隆盛伝〔勝田孫弥著〕その他の諸書に見えている。この書を通読してみても閣議決定前のものであることは明らかである。

されば、最初十五日の閣議に出したものであることは事実であろうと思う。しかるに、本巻口絵に出したものには十七日とある。けだし、隆盛は十七日になってさらに数通清書して三条公その他に送ったのであろう。編者は隆盛自筆のこの書をこれまで三通見た。その内二通は十七日付であった。一通は記憶せぬ。」[6]

つまり、この編者は、十月十七日付の「出使始末書」は、勝田が『西郷隆盛伝』で「十五日の閣議にこの書を提出した」という「始末書」と同じもので、西郷はさらにそれを十七日にも関係者に配布したと推理したわけだ。

さて、ここでまず、注意しておかなければならないのは、この編者は、勝田が掲載している十五日付の「始末書」と十七日付の「出使始末書」は同文のものと見て、「隆盛は十七日になってさらに数通清書して三条公その他に送ったのであろう」としている点である。

しかし、すでに第一章二節で指摘したように、それら日付の異なる二つの文書は、実際には同文ではない。前掲の十七日付のものでは、

「その上で、暴挙の時機に至って、初めて彼の曲事を分明に天下に鳴らし、その罪を問うべき訳でございます。」

となっているところが、勝田の十五日付では、

「その上、暴挙の時機に至ったならば、彼の曲事も判然致すにつき、その罪を天下に鳴らして征討致すべき訳でございます。」

になっている。

これなどは、十七日付では「罪を問う」のところが、十五日付では、はっきりと「征討致す」になっていて、文章の意味するところも同じとは言えない。この違いは、この文書をもとから西郷が征韓意図を持って書いたものだと解釈する者にとっては大きな違いにならないが、西郷は征韓意図を持っていなかったとする者にとっては大きな違いになる。十五日付の「始末書」の方には、「征討致すべき訳でございます」とはっきり書いてある。先に筆者が、西郷遣使平和的交渉説を唱える毛利敏彦は、この勝田が掲載している十五日付の「始末書」をきちんと読んでいないと書いたのはそのためである。西郷自身が「征討致すべき」などと書いている史料をもとに、西郷遣使平和的交渉説を唱えられるはずがない。

ところが、『大西郷全集』の編者が右のように書いたあと、『西郷隆盛全集』第三巻（一九七八）もそれを踏襲して、十七日付の「朝鮮派遣使節決定始末」（『岩倉公実記』が「出使始末書」と呼んでい

るもの）の解説で次のように言う。

「これは朝鮮派遣使節決定に至るまでの説明書であり、西郷が太政大臣三条実美などの関係者に配布したものである。十月十四日に開かれた閣議に出席した西郷は、これまでのことを主張し、もしその主張が入れられなければ、ただちに辞職する決心であった。大久保は反対意見を述べたが、この日は決定に至らなかった。そして翌十五日に閣議が開かれたが、西郷は自分の主張を前日に言い尽くしたので出席せず、朝鮮特派使節の決定に至るまでの顛末を覚書として提出した。十月十五日に提出したことは、勝田孫弥著『西郷隆盛伝』などにも見えている。この覚書は内容からしても閣議決定前に書かれたことは明白である。」[7]

このように、斯界では著名な歴史書や史料集が一致した見解を示すと、多くの史学者もそれに追随して、それがほぼ通説のようになっていくようである。

しかし、右に書かれているようなことがほんとうにあったのだろうか。その疑問の第一は、仮に、十五日の閣議に提出したのと同じものを十七日に配布するにしても、それをするのに、内容はそのままで、日付だけを改めて十七日に変えたりするものだろうか。十五日に提出したものであるなら、日付も十五日のままで配布するのが普通ではないか。それに、もし十七日の日付で改めて書くのであれば、この日までの「成り行きを申し上げます」と書いているのだから、やはりそれには、十五日の閣議決定のことなどを書かないとおかしなことになる。

また、『岩倉公実記』は「隆盛の出使始末書を示して具視と反復討論をする」と書いているが、それからすれば、それが十月十五日に閣議に提出されていたとは言えないであろう。十五日の閣議に提出されて、岩倉も他の参議たちもすでにそれを見て討議していたものを、三条が改めて岩倉のところに持って行って岩倉と「反復討論」するというのはおかしな話になる。

また、やや微細に入るが、『大西郷全集』は十五日付で提出したものを「隆盛は十七日になってさらに数通清書して三条公その他に送ったのであろう」と言うが、十五日の閣議に提出されて閣僚たちがすでに見ていたものを、「三条公その他に」再度送ったりはしないであろう。

また、第一章二節でも触れたが、同解説は末尾に、「編者は隆盛自筆のこの書をこれまで三通見た。その内二通は十七日付であった。一通は記憶せぬ」と書いている。つまりは、少なくともこの編者は、西郷自筆の「始末書」を三通見ているものの、十五日付のものは見ていないことになる。

そもそも、勝田が掲載している十月十五日付の「始末書」は、ほんとうに西郷の真筆として実在したものなのだろうか。勝田は「在鹿児島　故野村氏蔵」としてそれを掲載しているが、誰か第三者によってそれが鑑定され、西郷の真筆として認められているのだろうか。西郷については偽書が多いことはよく知られていることだ。

ところが史学者は、筆者が指摘した疑問点の、㋑十五日付と十七日付の二つの文書は同文とは言えない、㋺十五日付で書いたものを内容はそのままで日付だけを十七日に変えて他の者に配布したりするものだろうか、㋩勝田の言う十五日付「始末書」は西郷の真筆として確認されているのか、といったことを何ら問題にせず、『大西郷全集』や『西郷隆盛全集』にある解説をそのままに信じ、簡単に「始末書」と「出使始末書」とは同じ文書と見て、それらをいっしょにして「始末書」と呼んでいるのである。何ともいい加減な話ではないか。

ところで、さらに、十月十五日の閣議に提出されたとされる「始末書」だけではなく、西郷直筆の十月十七日付の「出使始末書」についても、西郷遣使のことが廟堂で議論されていた、いわゆる「征韓論争」最中には、実質的には存在していなかったと思わせる一次史料がある。

それは『大久保利通関係文書』一（一九六五）に収録されている、岩倉の明治七年四月六日付大久保宛書簡である。この書簡は、このとき佐賀の乱平定のために佐賀に長く留まっていた大久保に、岩倉が主に中央政府の情況その他を知らせるために書いたものであるが、そのなかで岩倉は次のように書いている。

「さて、西郷大将が昨年十月十七日に条公へ差し出した建言一紙を内々一覧に入れます。今日にてはもっとも、不用であれども、同氏には初めより決して征韓はこれなく、使節のみにて人事を尽くし、その上にも、彼から無礼をもって答えるなら、内国の軍備を数年間に整頓いたし、その上討罪とのことです。」8

ここで岩倉が「建言一紙」と呼んでいるものは、西郷が「昨年十月十七日に条公へ差し出した」としていることからして、西郷が十月十七日付で三条に差し出した「出使始末書」を指すのであろう。右の記述も短いながらも、「出使始末書」の内容にほぼ合致する。それに、同一人物（西郷）が同じ相手（三条）に同日に同じ件で異なる二通の建言書を差し出すことは、まず考えられない。同一文書と見てまず問題はない。

右で岩倉が書いている「内国の軍備を数年間に整頓いたし、その上討罪とのことです」といったことは、先の「出使始末書」では何も書かれていないが、岩倉がこの「出使始末書」をもとに三条と「反復討論」したときに、三条から聞いたことと考えれば、特に矛盾することにはならない。実際、三条が十月十二日に岩倉に送った書簡では、

「堅牢の軍艦数艘を購買し海軍を備え、しかる後に（西郷遣使）発途すべし。よって止むを得ず、歳月を遷延せざるを得ず。」[9]

などと書いている。

そこで、岩倉がここで言う「建言一紙」は「出使始末書」のことだとすれば、大久保はこのときに初めて「出使始末書」を岩倉から見せられたことになる。前年の廟堂で西郷遣使問題の論争中に互いに見ていたものを、このときになって岩倉が「内々一覧に入れます」などと書いて大久保に送るはずがない。岩倉は、『岩倉公実記』に「この日（十七日）…。夜に入り、実美は具視の邸に至り隆盛の出使始末書を示して」とあるように、十七日の夜に「出使始末書」を三条から見せられていた。そして、この直後の十八日早暁に三条が劇疾に襲われて執務不能になる。

以上のことからして、史学者たちが今日もなお、勝田孫弥の『西郷隆盛伝』の記述や『大西郷全

集』の解説などを引き継いで、西郷は十月十五日の閣議を欠席して、代りに「始末書」を提出し、十七日にもそれを関係者に配布したなどと言うのは、彼らが創り出したフィクション（虚構）であると断定してまず間違いない。まさしく、史料を騙って西郷を騙り、歴史を騙っていることにならないか。

先に見た大久保の十月十五日の日記に、閣議での「始末書」の提出などといったことは何も書かれず、その後の彼の日記や書簡でも「始末書」に関係するような記述は一切ない。また、木戸・板垣・大隈・副島・伊藤ら閣僚たちがのこした史料を調べてみてもどこにも「始末書」に関係するような記述は見当たらない。十月十五日付の「始末書」などはもとから存在しておらず、十月十七日付「出使始末書」すなわち岩倉が言う「建言一紙」も、岩倉が十七日夜に三条から初めて見せられたぐらいで、それ以前のいわゆる「征韓論争」の最中には、今日の史学者が「始末書」と呼ぶような文書は誰も目にしていなかったことになる。

史学者が十五日付「始末書」と十七日付「出使始末書」をいっしょにして「始末書」と呼ぶようなものは、実際には存在していない。史学者たちは、論争当時には実在してもいなかったものを史料にして、それが十月十五日の閣議に提出されたなどとして、これまで長く空論を重ねてきたことになる。

しかし、そうなると、西郷はなぜ、十月十七日になって、留守政府で自分の朝鮮派遣が決まるまでの「成り行き」を文書にして三条に提出したりしたのか、それが問題になる。

残念ながら、その解答を導くための史料や推理するための直接的な材料は見当たらない。しかし、筆者としては、通説を否定した関係上、次のような推理を提示しておく。

太政大臣三条は十月十五日の閣議決定後、それを直ちに天皇に上奏せねばならない立場に立っていた。三条はそれをするために、十七日になって西郷に、西郷が朝鮮遣使に立つことを建言した理由とそれが決まったいきさつを、文書にして提出するよう求めたのではないか。三条としては、西郷自身が書いたそれを天皇に示した上で、十月十四日と十五日の閣議で西郷派遣の即時実行か延期かを評議し、十五日に即時派遣を最終的に裁断したという形の上奏をしようとしたと推理できる。

実際、十月十五日に三条が下した裁断というのは、大久保の言葉になるが、「西郷見込み通りに決定」というものであった。となると、三条は上奏の際に、西郷がどういう「見込み」で朝鮮遣使に立とうとしていて、それがどのように決定されたかのいきさつを天皇に示す必要がある。

それに、三条がそのような形の上奏をしようとしたのには、やはり十月十四日と十五日の閣議が、西郷派遣については「既に御内決あり」[10]を前提にして、評議に入ったことが大いに関係していたと思われる。[11]そのため三条は、留守政府で西郷の朝鮮派遣が「御内決」に至ったいきさつについては、実際に朝鮮派遣を求めた西郷自身の筆をもって書かせるのが得策と判断したのであろう。またそのため、西郷が差し出した前掲の「出使始末書」は、もとから天皇に見せるものとして書かれ、宛名はなく最後には、

「(閣議で)ご採用になり、(聖上に)お伺いの上、使節を私に仰せ付けられる筋(すじ)、ご内定になっている次第です。」

とあるのではないか。

さらに、少し前のことになるが、三条は十月四日に岩倉具視に送った書簡で、「使節を派遣することは既に議決した。いまさらこれを論じる必要はない。」とし、「使節（派遣）の目的」や「朝鮮との戦争を開くの利害如何」をはっきりさせねばならないとして、次のように書いているのも筆者の推理を支えるものになろう。

「右ら（「使節の目的」など）の論は詳細に書にして議案に供すべきである。とにかく、このごとき大事件は紙上に筆し、決議の上は大臣参議一同押印をして上奏宸断を経て御璽（天皇の印）を鈐せられて廟策不抜のものとしたい。…。

西郷参議より前段の件々、その目的を具陳すべきように致したい。もし、本人が筆を執ることに差支えがあるときは史官をしてその口演を筆記せしめて可なり。」[12]

つまり三条は、以前から、朝鮮との戦争にもなりかねない今回の重大案件については、閣議決定を上奏する際に、閣員「一同の押印をして」その書面をもって上奏する考えを持ち、特に派遣される西郷については、その派遣目的を書面で提出させたいと考えていたことになる。

しかし、十月十四日の閣議では閣員の意見が分かれて議決できず、また翌十五日の閣議でも意見をまとめることができずに、最後は太政大臣三条の裁断になったために、「大臣参議一同押印をして上奏」するようなことはできなくなり、またその日は、西郷は閣議に欠席していたこともあって、結局、上奏前の十七日の土壇場になって西郷に「出使始末書」を提出させることになったのではないか。

以上、「出使始末書」と呼ばれる文書は、三条が十月十五日の閣議決定を天皇に上奏するに当たって、西郷に留守政府で西郷派遣が決まったいきさつを文書にして提出するよう求め、西郷がそれに応じて十月十七日に三条に提出したものだとする、筆者の推理の根拠を述べておいた。

もっとも、この「出使始末書」は結局は、前章二節で見たように三条が突如発病して三条自身が上奏することがなくなったため、天皇に差し出されることはなく、言わば幻の文書になったのである。

## 二　「最初のご趣意」

十月十七日付の「出使始末書」に、

「護兵の儀は決してよろしくありません。これよりして闘争に及べば、最初のご趣意にあい反しますので、この節は、公然と使節を差し立てられるのが相当のことであるべきで、…。」

とある。ここにある「最初のご趣意」と同義の言葉が西郷書簡で最初に出てくるのは、七月二九日付板垣宛書簡で、さらに続いて八月三日付の太政大臣三条宛書簡にも「最初のご趣意」が出てくる。この二つの書簡を取り上げ、それらの書簡の内容を解釈するとともに、「最初のご趣意」の意味・内容を明らかにしておく。

まず、七月二九日付板垣宛書簡であるが、それは次のようなものである。全文を引く。

「先日は遠方まで来訪下され、厚くお礼を申し上げます。さて朝鮮の一条、副島氏も帰国して、その後ご決議はあったのでしょうか。もし今だ、ご評議されていないのであれば、参朝すべき達しがあれば、病を侵してまかり出るようにしますのでお含み下さい。

いよいよご評決があるのであれば、兵隊を先にお遣わしになるという儀は、いかがなものでしょうか。兵隊を繰り込まれるということになると、必ず相手からは引き揚げるよう申し立てて来るに相違なく、その節は、こちらより引き取らないと答えれば、これより兵端を開くことになるでしょう。そうなると、初めよりのご趣意とは大いに相変じ、戦いを醸成する場になってしまうのではないかと愚考します。

断然、使節を先に差し立てられる方が宜しいのではないでしょうか。そうすれば、決まって、相手から暴挙に出ると予見でき、そうなれば、討つべき名も確かに立つと考えます。

兵隊を先に繰り込むということになれば、樺太のごときは、既にロシアが兵隊をもって保護に備え、たびたび暴挙もあるということなので、朝鮮よりは先にこちらの方に保護の兵を繰り込むべきだと考えますし、あれこれ、兵の行き先で差し障りも出ることでしょう。それよりは、公然と使節を差し向けられたなら、暴殺はするはず儀と察せられ、なにとぞ私を遣わして下さるよう、伏してお願いする次第です。

副島君のごとき立派な使節はできなくても、死するぐらいのことは相調(あいととの)うものと存じますので宜しくお願いします。この旨、略儀ながら書中をもって御意を得たく思います。

追啓　ご評議の節、お呼立て下さる節は、なにとぞ前日にお達しを下さるよう頼みます。瀉薬を用いますと外出できなくなってしまいますので、これまたお含み置き下さい。」

この書簡から西郷の考えはほぼわかる。先に兵隊を送れば相手はそれを拒んで、「初めよりのご趣意とは大いに違って」いきなり兵端を開いてしまうことになるので、まずは公然と使節を送るべきで、「そうすれば、決まって、相手から暴挙に出ると予見でき、そうなれば、討つべき名も確かに立つ」と言うのである。

ここにある「初めよりのご趣意」（これを含めて「最初のご趣意」で代表させる）というのは、以前に決められていたもので、また、「ご趣意」と言っていることから王政復古政府（太政官政府）あるいは天皇の意思として決められたものになろう。これを書いている相手の板垣も無論、「最初のご趣意」の意味を承知していることになろう。これの意味については、次に取り上げる三条太政大臣への「建言書」のところで詳述する。

西郷はここで「討つべき名も確かに立つ」と書いており、確かに征韓論を言っていることになる。しかし、西郷はその名を立てるために死ぬと言うのだから、西郷自身は征韓に着手する前に死んでしまっていることになる。征韓と自分が死ぬことのどちらに眼目があるのかもうひとつはっきりしない。「副島君のごとき立派な使節はできなくても、死するぐらいのことは相調う」、「なにとぞ私を遣わして下さるよう、伏してお願いする次第です」などと書いているところからすると、征韓よりも自分が「暴殺」に遭うことの方が大切であるように読める。

なお、この書簡から、すでに詳論したことだが、西郷が自身の朝鮮遣使を主張したのは、よく言われる六月十二日や六月二日の閣議などの早い時期ではないことも裏付けられる。冒頭で、

「朝鮮の一条、副島氏も帰国して、その後ご決議はあったのでしょうか。もし今だ、ご評議されていないのであれば、」

云々と書いているが、いくら何でも、これより一ヵ月半以上も前の閣議で西郷が自身の朝鮮遣使を主張していながら、こんな言い方はしないであろう。むしろ、この書簡からして、西郷が自身の朝鮮遣使を唱えたのはこのときが始めてであったと見るべきであろう。

西郷はこの書簡で板垣に支援を求めたあと、八月三日に三条太政大臣に書簡を送り、正式に自身の朝鮮遣使を建言している。

その八月三日の三条宛書簡は、史学者のあいだで「建言書」や「意見書」などと呼ばれてよく取り上げられるもので、西郷が同日付の板垣宛書簡で、

「先朝、お訪ねしたところ、色々ご高話頂き、厚くお礼を申し上げます。さてその折、大臣（三条）公へ参殿すると申し上げておきましたが、数十度の下し方で、はなはだ疲労いたしましたので、別紙の通り認め、今日差し出しておきました。…」

として、「別紙」（写し）を板垣に送るとともに、三条太政大臣に差し出した次のものだ。

「近ごろ副島氏帰朝し、談判の次第も細大お分かりになった由、ついては台湾の一条も、速やかにご処分されたき事柄と存じます。世上にても、紛紜の議論あり、私も数人の論を受けている次第で、つまるところ、名分条理を正すことは討幕の根元、御一新の基であれば、今に至ってなお、右のことなど筋を相正されなければ、まったく物好きの討幕になってしまうなどの説をもって、責め付けてくる者もおり、閉口のほかはありません。…。

使節が帰朝して既に数日がたってなお、何の処分も相定めないようでは、実に不体裁を極めますので、速やかにご評決相成されるべき儀と存じます。

一、朝鮮の一条、御一新の涯よりお手を付けられ、もはや五、六年もたちます。しかるところ、最初、親睦を求められたのではなく、定めてご方略があったことと存じております。今日、彼（朝鮮）が驕誇侮慢の時に至って、始めを変じ、因循の論（ぐずぐずした議論）になっては、天下の嘲りを蒙り、誰あってか、国家を興隆することなどできましょうか。

ただいま、私どもは事を好み、みだりに主張する論では決してなく、これまでの行き掛かりにて、このような場合に行き当たったのであり、最初のご趣意を貫かれなくては後世までの汚辱になります。ここに至り、ひときわ人事の限りを尽くされるとのことですので、断然、使節を召し立てられ、彼の曲を分明に公普すべき（広く知らせるべき）時です。

これまでご辛抱されたのも、この日を相待たれたためのことと思いますので、誠に恐れ入りますが、なにとぞ私を差し遣わされたく思います。決して国辱を醸し出したりすることは万々ありませんので、至急ご評決していただきたく存じます。…。」

西郷はここで、副島大使も帰国して「既に数日がたって」いるとして、太政大臣三条に「台湾の一条」の速やかな裁定を求め、併せて、「朝鮮の一条」について自身の朝鮮派遣を建言し、それへの速やかな「評決」を求めている。

「台湾の一条」では、世上でもさまざまに議論され、また、自分にも「名分条理を正すことは討幕の根元、御一新の基(もとい)であれば、…、筋を相正されなければ、まったく物好きの討幕になってしまうなどの説をもって、責め付けてくる者もおり」、何とか早く処分を決めてもらわないと、「不体裁を極め」ると申し立てている。

続いて「朝鮮の一条」では、朝鮮問題のこれまでの経緯を述べて、この際、是非とも自分を朝鮮に遣わしてほしいと頼んでいる。その説得のために西郷が使っている論法が、「今日、彼(朝鮮)が驕誇侮慢の時に至って、始めを変じ、因循の論になっては、天下の嘲りを蒙り、誰あってか、国家を興隆することなどできましょうか」というものである。

ここにある「始めを変じ」の「始め」は、その前にある、

「御一新の涯よりお手を付けられ、もはや五、六年もたちます。しかるところ、最初、親睦を求められたのではなく、定めてご方略があった」

というもので、また、それのあとにある「最初のご趣意を貫かれなくては後世までの汚辱に」なるという「最初のご趣意」でもある。

これらの「始め」、「最初、…ご方略があった」や「最初のご趣意」はすべて同じことを指している。それらはまた、七月二九日付板垣宛書簡にあった「初めよりのご趣意」と同じであり、また、先に見た「出使始末書」にある「最初のご趣意」とも同じである。

そして、この「最初のご趣意」というのは、この「建言書」の「朝鮮の一条」の冒頭に、

「御一新の涯よりお手を付けられ、もはや五、六年もたちます。しかるところ、最初、親睦を求められたのではなく、定めてご方略があった。」


とあることからわかるように、「御一新の涯よりお手を付けられ」たもので、単に「親睦」を求めたのではなく「ご方略があった」ものということになる。

それをもとに西郷は、「始めを変じては…、天下の嘲りを蒙り、誰あってか、国家を興隆することなどできましょうか」とか、「最初のご趣意を貫かれなくては後世までの汚辱になります」として、それを貫けと三条に迫っているのである。


ところで、この「最初のご趣意」の意味・内容を考えるのに、維新政府で朝鮮問題の第一人者であった木戸孝允が、岩倉使節団でニューヨーク滞在中の明治五年七月二九日の日記に書いた記述が参考になる。

木戸はこの日、地元の新聞に日本がかつて朝鮮に使節を送ったときの記事が出ているのを知って、明治初年のころのことを思い出し、次のように書いて、いささか感慨にふけっている。

「朝鮮へ使節を出すべきことは余の建言する所にして、実に戊辰一新（明治元年）の春のことなり。当時、…。一新の旨趣を（日本が王政復古を遂げたことを朝鮮に）告げ、互いに将来往来せんことを望む。…。しかりと言えども、朝鮮の国情（朝鮮は中国を宗主国としていたため、中国皇帝以外の日本の天皇などの存在を認めるわけにはいかないことや、鎖国政策を取っていること）を察するに、彼頑固にして容易に承諾すると思われず。さりとて、今日の機会を失せべからず、また前途を慮（おもんばか）るに、今日端（戦端）を開き置かないときはまた、得べからずものありと。」

ここで、木戸が「戊辰一新の春のこと」と書いているものが、西郷が「建言書」で「朝鮮の一条、御一新の時よりお手を付けられ、もはや五、六年もたちます」と書いているものに相当する。また、木戸が右で書いている内容は、西郷が「最初、親睦を求められたのではなく、定めてご方略があったことと存じております」や、「これまでの行き掛かりにて、このような場合に行き当たった」と書いているのとも符合する。

以上のことから、「最初のご趣意」というのは、明治初年に王政復古した維新政府が決めた対朝鮮政策の基本方針で、まずはこれまでの交隣のよしみをもって誠意を尽くして交渉するが、それでも聞かぬ場合は征討するという方策ないしは方略を指すことになる。

さて次に、この「最初のご趣意」の文言のある三条への「建言書」や「出使始末書」を史学者がどのように解釈しているかを見て行こう。

まず「建言書」であるが、坂野潤治（一九八七）は、

「副島種臣外務卿が、清国政府から責任回避の言質をえて帰国したのを境に、軍部や士族の間に台湾出兵論が急に高まったのである。台湾出兵論者は、参議西郷隆盛にその実現を期待した。西郷はこの間の事情を、三条実美太政大臣宛の建言書で次のように書き送っている。」[13]

としてこの「建言書」を取り上げている。

つまり坂野はここでも、先に第一章三節で見たように、持論に沿って、副島大使が「帰国したのを境に、軍部や士族の間に台湾出兵論が急に高まったのである」という観点からこれを見ているのである。しかし、それはやはり、当時の参議大隈重信が、

「(副島大使が）我国に帰来するや、台湾事件をほとんど措いて顧みられずがごとくとなり、一意に対韓問題を忽諸に付すべきでないと説き、にわかに廟堂の有司もまた、ただ対韓問題に熱中し、…。」

としているものに、完全に相反する。どちらの見解を取るかの問題になるが、これまでに見てきた両者の他の言質からしても、ここはやはり、現代の史学者よりも、当時、実際に閣議に参加していた参議の言うことの方を信じるべきであろう。

ともあれ、右のような持論を持つ坂野からすると、西郷の「建言書」にある「台湾の一条」と「朝鮮の一条」についても、西郷の主張は「台湾の一条」の方に重心があると読めるようだ。坂野は右に続いて、前掲の「台湾の一条」のところを、冒頭の「近来副島氏帰朝相成」から「閉口の外他無仕合いに御座候」までの全文を直接引用して縷々説明しているが、他方の「朝鮮の一条」につ

いては、部分的に適当な箇所を引用して次のように言う。

「これに対し朝鮮政策については、西郷は一貫して派兵論ではなく、使節派遣論であった。すなわち『断然使節被差立、彼の曲分明に公普すべき事』を主張し、そのためみずからその任にあたることを主張しているにすぎないのである。それだからこそ西郷は、岩倉具視帰国まで正院の決定を待とうという三条の議論に反論して、『此節は戦いを直様始め候訳にては決て無之』[14]と論ずることができたのである。このようにみてくると、西郷の意図は、副島外務卿の帰国により急激に高まってきた台湾出兵論を、対韓使節派遣を対置することによって抑えることにあったように思われる。」[15]

坂野がここで「朝鮮政策については、西郷は一貫して派兵論ではなく、使節派遣論であった」というのは間違いではないが、西郷が「朝鮮の一条」で主張していることは、坂野が「『断然使節被差立、彼の曲分明に公普すべき事』を主張し、そのためみずからその任にあたることを主張しているにすぎない」といったものではない。

西郷が「『断然使節被差立、彼の曲分明に公普すべき事』を主張」しているのは、それによって、七月二九日付の板垣宛書簡の言葉を使えば「討つべき名も確かに立つ」ことになるからであって、単なる遣使論や平和的国交交渉論を主張しているものではない。西郷は、「最初のご趣意を貫かれなくては後世までの汚辱に」なり、「御一新」以来の「ご方略」に反し、また、「始めを変じ、因循の論になって」、「天下の嘲りを蒙」ることになるから、自分が朝鮮遣使に立って「最初のご趣意」を貫徹すると言っているのである。

坂野が「西郷の意図は、副島外務卿の帰国により急激に高まってきた台湾出兵論を、対韓使節派遣を対置することによって抑えることにあった」というようなものではまったくない。現にこの「建言書」でも、西郷は坂野が言う「台湾出兵論を、…抑えることにあった」などではなく、「台湾の一条」についても、「何の処分も決めないようでは、実に不体裁を極めますので、速やかにご評決されるべきと存じます」と書いている。

坂野は、西郷が「朝鮮の一条」で書いている「最初、親睦を求められたのではなく、定めてご方略があった」や「最初のご趣意を貫かれなくては後世までの汚辱に」なるといった言葉を読み取ろうともしていない。したがってまた、「最初のご趣意」の意味もまったく捉えられていない。ただ、持論の「西郷隆盛らは『征韓』より『征台』を本命としていた」に固執して、そのもとに史料を拾い読みし、自己流に解釈しているにすぎない。しかし、これでは、史料を読んでいるとは言えまい。

西郷はここで「台湾の一条」と「朝鮮の一条」について申し立てているが、無論、西郷の建言の趣旨は自身の朝鮮遣使を請願している「朝鮮の一条」の方にある。西郷は板垣に七月二九日に書簡で自身の朝鮮遣使の支援を頼み、その上で、三条太政大臣にこの「建言書」を差し出している。また、この「建言書」を三条に送るとともに、同時に板垣にその写しを送ってもいる。どちらに重心があるかは明らかである。坂野は西郷がこの建言書を差し出した経緯や事の成り行きついても何も念頭に置いていない。

さて次に、毛利敏彦の「最初のご趣意」の捉え方を見てみよう。毛利は、田村貞雄が『歴史学研究』に『「征韓論」政変の史料批判―毛利敏彦説批判―』（一九九一）[16]を寄稿して毛利説を批判したのに対して、同誌に「明治六年政変の検証―田村貞雄氏への反論―」（一九九一）を寄せ、そのなかで次のように書いている。

「直接間接さまざまな材料を用いて多面的に論証すべく努めたが、その決め手となった史料は、以下の明治六年十月十五日または十七日付西郷隆盛『始末書』である。この始末書はいわば毛利説を支える生命線だから、やや丁寧に検討しよう。」[17]

そして、「西郷隆盛『始末書』の読みかた」という章を設け、「始末書」を逐条的に解釈しているのだが、「最初のご趣意」のある段落については次のように言う。

「…。平和的立場からの提案であるのは容易に読み取れる。また、闘争に及べば最初の趣意に反するという西郷の意見も注目すべきである。換言すれば、闘争発生を防止することが最初の趣意に沿うというわけであるから、理の当然として、西郷が理解している最初の趣意とは、日朝両国間に友好関係を実現することであろう。」[18]

何とも荒っぽい「読みかた」である。史料にある「最初のご趣意」を簡単に「最初の趣意」に言い換えて、「理の当然として、西郷が理解している最初の趣意とは、日朝両国間に友好関係を実現することであろう」と言う。「平和的立場からの提案であるのは容易に読み取れる」というのは、自説に従って読めばそうなるということであろう。毛利自身がかつて、他者を批判して「解釈に合わせて史料を恣意的に適用するという非学問的顚倒現象」とした、その典型のようなものだ。

毛利は最初の著書『明治六年政変の研究』（一九七八）でも、「最初のご趣意」を「最初の『趣意』」としてその意味を解し、[19]以来各所で、「『始末書』の読みかた」を披露している。[20]しかも、それをもって「毛利説を支える生命線」だと言う。この「『始末書』の読みかた」だけでも、毛利説の生命線はすでに切れている。

毛利は西郷が三条に出した「建言書」にも、「始末書」と同じく「最初のご趣意」という用語があって、そこには「最初、親睦を求められたのではなく、定めてご方略があった」といったことが書かれているのなどには、気も留めていないようだ。ちなみに、「始末書」も「建言書」の「朝鮮の一条」もともに、「御一新の涯（みぎわ）より」の文言から始まり、その点でも同じである。

失礼な言い方になるが、先の坂野の「建言書」の読み方といい、この毛利の「始末書」の「読みかた」といい、筆者にはとても史学者のする史料の読み方とは思えない。

ところが、右の毛利の「始末書」の解釈を批判するどころか、その解釈に賛同する史学者が、毛利が新説を発表して以来今日まで、あとを絶たないのである。『西郷隆盛全集』第三巻（一九七八）

の編者は、毛利が『明治六年政変の研究』を上梓するとさっそくその解釈に賛同して、十月十七日付の「朝鮮派遣使節決定始末」(「出使始末書」に同じで、毛利らが「始末書」と呼ぶものに同じ)の解説で、

「この覚書(「朝鮮派遣使節決定始末」を指す)に西郷の真意は明白である。礼儀を尽くして平和的で道義的な外交交渉を主張しているのである。毛利敏彦氏は…これまでの通説に対し、するどい疑問を提起している。(後略)」[21]

と言い、飛鳥井雅道(一九九〇)もまた、

「西郷隆盛の意見は『征韓』ではなく、平和的な『使節派遣論』だと、毛利敏彦が一九七八年の著書以来、『征韓論』の通説を批判しつづけるのは、資料を率直に読んだうえでの正しい議論だといってよいであろう。」[22]

と言う。そしてまた、諸洪一(二〇〇二)は、

「毛利氏の指摘のように、『始末書に関する限り』、西郷の主張には部分的に『平和性、道義性』が認められよう。」[23]

と言い、笠原英彦(二〇〇五)も、

「…。加えて毛利氏は西郷の板垣宛書簡に使節派遣の目的に一貫性がないことを指摘する。確かに西郷は使節暴殺論を掲げた書簡のなかで同時に平和的交渉を論じている。…。十月十五日に閣議に際して西郷が提出した『始末書』をあわせて考えると、西郷の真意が使節暴殺論にあったとは考えにくい。」[24]

と言う。

もっとも、毛利を批判する史学者も多い。田村貞雄は先の論文(一九九二)で、毛利の「始末書」の解釈を批判して、

「どこからこのような解釈が成り立つのか理解できない。毛利氏はこの史料を重要視しながら、肝心のことを何も読み取っていない。」

「毛利氏の説は、氏の西郷への思いが作りだした砂上の楼閣である。」[25]

と言う。しかし、毛利の史料の扱い方や「西郷隆盛『始末書』の読みかた」については、明確な批判を加えていない。

また、福地惇(一九九三)は、

「この時期に三条や板垣に贈った数通の書状の文面から、西郷が決死の覚悟で朝鮮外交に取り組もうとしていた様子は如実に伝わって来る。六年十月十七日付けの『遺韓使節決定始末』(「出使始末書」)の内容も以上と何ら変わるものではない。西郷の見解では、これは『遺韓論』であり且つ『征韓論』でもあったのである。」

として、この文章に注を付して、

「(毛利は)西郷『平和交渉論者』説を提示したが、これは前段階のみを重視したもので、それに続く可能性が高かったと考えられる後段階を無視した解釈であり、説得性に乏しい。」[26]

と言う。これ以後も毛利説批判は続く。今日では、どちらかと言うと、こちらの方が大勢を占めているように見える。

しかし、史学者が唱えた新説ともなると、その影響力は大きい。萩原延壽は名高い『遠い崖―アーネスト・サトウ日記抄10―』(二〇〇〇)で、しばしば毛利の説を取り入れるため、気の毒にもいささか混乱に陥っている。

萩原は、

「それでは毛利氏が西郷の『真意』を語るものとして、最重要視している文書は何か。それは政変劇末期の十月十五日、西郷が閣議に出席するかわりに、それまでの経緯を文書にまとめ、三条太政大臣に提出した『始末書』〔朝鮮派遣使節決定始末〕である。」[27]

として、毛利が十月十五日の閣議に提出したとして転載している十月十七日付の「朝鮮派遣使節決定始末」(「出使始末書」)の全文を掲げ、これの意味するところや目的について、いろいろと考えをめぐらしている。もっとも、さすがに明晰な著者だけに、毛利の説を完全には信じているわけではない。

それにしても、毛利が新説を唱えてすでに四〇年を経ているが、その間、史学者の誰一人として、毛利の史料の扱い方や誤読といった歴史学上の基本的な欠陥を指摘してその説を批判している人がいないようなのである。驚くべきことではないか。

もし、史学者の誰かがそれをしていたなら、毛利説は学説としては、とっくに淘汰されていたはずだ。毛利説が今日なお学説のようにして生きているのは、それができずに、毛利の平和的交渉説と征韓説の違いが、史学者による史料の解釈上の相違程度に見られているからではないか。

筆者がもっぱら毛利説を、その史料の扱い方や誤読の上で批判するのはそのためである。第一章二節では、勝田孫弥が十五日付とする「始末書」を、毛利が勝手に十七日付「出使始末書」と同文であるとして、それを十五日付「始末書」として転用していることを批判した。その二つの文書は決して同文ではない。とりわけ、平和的交渉説を唱える毛利にとっては、「征討致すべき訳でございます」とある十五日付「始末書」を、それのない十七日付「出使始末書」で置き換えたりできるはずがない。

また、毛利は右でも「明治六年十月十五日または十七日付西郷隆盛『始末書』」と書いているが、そのような「始末書」は存在していない。それについては、前々節で縷々説明した。なお、毛利がここで「または」としているところは、毛利の主張では「または」ではなく「および」になるところである。さらに、西郷の朝鮮遣使論にとってキーワードとも言える「最初のご趣意」を、毛利は勝手に「最初の趣意」などとして、その意味するところをまったく理解せずに誤読を重ねている。これについても前節で詳しく述べた。

ところが、このような史料の扱い方や誤読といった点で、初歩的とも言える間違いのある説が今もなお堂々と生き残っているのである。ごく最近の全国紙の新聞紙上（二〇一七年七月二日）の記事によると、

「…、西郷は平和的解決を目指していたとの説が注目されている。」

とある。また、著名な「歴史家」の磯田道史（みちふみ）はごく最近の『素顔の西郷隆盛』（二〇一八）で次の

ように書いている。

「現代では、西郷は征韓論者だったと信じている人が多いのですが、実はこれほど不正確な言い方はありません。韓を武力征伐にゆく『征韓』ではなくて、韓に遣い〔使者〕をなす『遣韓』が正しいので、自分を遣いとして出してくれと言った西郷は、征韓論者ではなく遣韓論者なのです。

学界でも西郷が征韓論者であるかどうか議論が重ねられていますが、毛利敏彦さんが書かれた『明治六年政変』と併せて史料を読むとよいでしょう。」[28]

西郷は自身の朝鮮遣使を主張しており、もとから「遣韓論者」である。ただ、その「遣韓論」が「征韓」を期すためのものか、それとも国交交渉等を目指すものか等で「学界でも」意見が分かれている。

磯田は毛利説について右の下段で、「毛利敏彦さんが書かれた『明治六年政変』と併せて史料を読むとよいでしょう」と勧めているのだが、磯田自身は「『明治六年政変』と併せて史料を」きちんと読んでそう書いているのだろうか。

毛利は『明治六年政変』でも、その「まえがき」で、

「西郷が征韓に公的に反対したことを示す信頼できる史料がある。それは、政変直前の明治六年十月十五日閣議に宛てて、西郷が太政大臣三条実美に提出した自筆の『始末書』〔意見書〕で

ある」[29]

と書いている。しかし、勝田孫弥らが掲載している十月十五日付の「始末書」には、何度も言うが、明確に「征討致すべき訳でございます」と書いてある。そんなものが「西郷が征韓に公的に反対したことを示す信頼できる史料」などと言えるはずがない。毛利がこのように堂々と言えるのは、毛利がその十五日付の「始末書」を使わずに、一貫して、それに代えて、その文言のない十月十七日付のものを使っているからだ。『明治六年政変』でも、十五日付のものではなく、十七日付のものの全文を掲載している。[30]

毛利は「信頼できる史料」として、十月十五日付の「自筆の『始末書』」などと言うが、そんなものは実在していない。「自筆の『始末書』」とわかっているのは、『岩倉公実記』が「出使始末書」と呼んで掲載している十月十七日付のものである。

毛利はいろいろのところで「始末書」を重要史料として論じているが、実は一度も、実際の十月十五日付の「始末書」(勝田孫弥『西郷隆盛伝』や煙山専太郎『征韓論実相』が十月十五日付の「始末書」として掲載しているもの)を掲載したことがない。前にも書いたように、もし、毛利が文書中に「征討致すべき訳でございます」と記載のある十五日付の「始末書」を率直に使っていたなら、毛利はもとから、平和的交渉説といった自説を立てることはできなかったであろう。

その点で磯田も、憶測で失礼だが、十五日付の「始末書」を読んだことがないのではないか。もし読んでいたなら、「『明治六年政変』と併せて史料を読むとよいでしょう」などとは書けなかったであろう。そのほかにも、『明治六年政変』もまた、すでにいくつか事例を示したが、毛利の史料の扱い方や読み方をチェックしながら読めば問題の多い書である。

筆者は、毛利説を史料に照らし合わせて読んで、前著『西郷「征韓論」の真相―歴史家の虚構をただす―』（二〇一四）で毛利説は虚構であることを論証したつもりだ。さらに、前著Bと前著Cでもそれを論じ、本書でも既述のようにしつこく、毛利説の歴史学上の基本的欠陥の検証に努めた。

しかし、この説は発表以来四〇年たった今もなお、右で見たように堂々と生き続けている。学者の立てた説は世間でも長く生き続け、その影響も大きい。やはり、史学者が唱えた説は史学者がきちんと批判して、棄却すべきものは棄却していくべきであろう。

ちなみに、かつて、西郷隆盛と同郷で同年生まれの重野安繹（やすつぐ）が、後に東京帝国大学歴史学教授になり、実証史学の立場から、裏付けの取れない故事や史書上の言説を次々に作り話として切り捨て、「抹殺博士」の異名をとったが、今日の史学者も、いくぶんかはそういう責務を果たすべきであろう。史学者が歴史学の基本に立ち返って真摯に批判し合わずに、ただ、互いに持ちつ持たれつになるばかりでは歴史学の発展は望めない。

## 三　木戸の「征韓論」と西郷の主張

木戸孝允は幕末以来「征韓論」を唱え、明治政府でも当初から朝鮮問題の第一人者であった。その木戸の「征韓論」と西郷が明治六年夏に唱えた自身の朝鮮遣使論とはどのような関係にあるのだろうか、それを探っておこう。

木戸の「征韓論」については、福地惇著『明治新政権の権力構造』（一九九六）の第五章「明治政府と木戸孝允」によく書かれている。岩倉使節団で明治四年十一月に渡航するまでの木戸の「征韓論」についてはそれを参考にさせていただく。[31]

木戸は幕末の文久三年（一八六三）には、当時、幕府の軍艦奉行並の職にあった勝海舟と会い、対馬藩を支援するための「征韓論」を話し合っている。[32] 慶応四年二月（この年の九月に明治に改元）には、木戸はまた、まだ戊辰戦争のさなかながら、朝鮮への使節派遣を建議して、日本が王政復古して天皇を頂点とする新政府を樹立したことを通告し、それを朝鮮に認めさせるべきだと主張している。

この建議が功を奏したのであろう、維新政府は対馬藩家老・樋口鉄四郎を釜山に送り、明治元年十二月十九日に朝鮮に維新政府成立を通告する国書を渡している。しかし、朝鮮は日本の天皇名のある国書を受理せず、以降、正式の日朝国交は途絶えたままになる。木戸は十二月十四日の日記に次のように書いている。

「速やかに天下の方向を一定し、使節を朝鮮に遣わし、彼の無礼を問い、彼もし不服のときは、その罪を鳴らし、その土を攻撃し、大に神州の威を伸長せんことを願う。しかるときは天下の陋習たちまちに一変して遠く海外へ目的を定め、それによって百芸・器械等真に進歩し、その一方で、各内部（藩、特に雄藩同士が互いを）を窺い、人の短を誹り、人の非を責め、自らを省みることをしない悪弊一洗に至る。」

ここでは、新生日本を認めようとしない朝鮮の「無礼を問い、…その土を攻撃し、大に神州の威を伸長せん」とし、併せて、内憂の一掃を謀ろうとする意図が顕わに出ている。しかし、その一ヵ月半後の二年一月三十日の日記では次のようにも書いている。

「皇国の人情を治めることの難しきを嘆じ、ますます日ごろ所思の征韓の念勃々（しきりに起こる）。よって、かつて認めていた一書を大村（益次郎）に送る。征といえども猥にこれを征するにあらず。」

そして、その二年正月元旦付で大村に送った「一書」では、

「海陸のところ朝廷も武備なされ、ただひとえに朝廷のお力をもって、韓地の釜山港を開きなされたい。これもとより、物産金銀の利益はあるまじく、かえって損失が出るとは思いますが、皇国の大方向をあい立て、億万の眼を内外に一変つかまつり、海陸の諸技芸（軍事技術）等をして進歩させ、他日、皇国をして興起せしめ、万世に維持させるには、このほかに別の策はこれあるまじく、」[33]

と書いている。

「征韓の念勃々」と言っても、必ずしも朝鮮を侵略して領土を支配しようとするのではないよう

だ。「これもとより、物産金銀の利益はあるまじく、かえって損失が出るとは思います」と言うもので、要は、「億万の眼を内外に一変つかまつり、海陸の諸技芸等をして進歩させ、他日、皇国をして興起せしめ」ようとするもののようである。

この後、木戸自身の朝鮮派遣が決まったこともある、日記の二年十二月三日の条には、

「明春、支邦・朝鮮使節を命じられた。右は重大事件に付き、即今より交際規定、古今斟酌、篤く取り調べるべき旨通達があった。」

とある。しかしこの派遣は、長州藩で凱旋兵士の「脱隊騒動」が起き、木戸が山口でその鎮定に当たらねばならなくなったことなどがあって無期延期になる。

明治四年秋には岩倉使節団の派遣が決まり、木戸・大久保も副使として使節団に加わることになったため、出発直前の十一月九日には閣員が集まり朝鮮問題について話し合っている。木戸のその日の日記に、

「四時、西郷を訪ねる。不在。じきに岩卿に至り、条公・西郷・大隈・板垣等、会す。かつ、朝鮮へ着手の順序を論ず。五時過ぎ退散。」

とある。

ここにある「朝鮮へ着手の順序を論ず」の内容はわからないが、仮に「着手の順序」が決められたにしても、岩倉・木戸・大久保らが留守をするため（渡航期間の予定は十ヵ月半であった）、その実行については使節団の帰国後ということになったのであろう。事実、このあと六年八月に西郷の朝鮮派遣を決議したときも、その最終決定は使節団の帰国後ということになっている。

しかし、岩倉使節団出発前に話し合われた、木戸の言う「朝鮮へ着手の順序」が西郷の頭に残っていたことは間違いない。そして、この使節団が最初の訪問国アメリカに滞在中、木戸が五年七月二九日の日記に書いたのが、前節で取り上げた、

「朝鮮へ使節を出すべきことは余の建言する所にして、実に戊辰一新（明治元年）の春のことなり。…、また前途を慮（おもんばか）るに、今日端（戦端）を開き置かないときはまた、得べからずものありと。」

である。木戸はこのとき、さらに続いて次のようにも書いている。

「もっとも、始めは慇懃（いんぎん）丁寧に情実を尽くし、その主意を陳し、その上で、彼の曲をもって我を待ち、不礼を加えるに至っては、その用意なかるべからず兵力をもってする…。」

これを木戸が書いたのは、西郷が明治六年に自身の朝鮮遣使を主張し始める一年ほど前になる（この間に明治五年十二月三日を六年一月一日とする改暦がある）。無論、木戸は西郷が言い出す朝鮮遣使論のことを予知できるはずはないし、また、西郷は木戸が前年にこのようなことを書いているのを知る由もない。

しかし、右の木戸の言述などからして、木戸の言う「征韓論」と、西郷が六年に唱えた朝鮮遣使論とがきわめてよく似ていることがわかる。似ているどころか、ほとんど同じと言ってもよい。違うところと言えば、木戸が「不礼を加えるに至っては、…兵力をもってする」としているところを、

西郷は「兵力をもってする」前に、まず自らが「暴殺」に遭うことで、大義名分を明確にさせようとしている点のみである。

その後、木戸は米欧回覧から帰国してからは、西郷の朝鮮遣使に反対して第二章三節で述べたように「反対意見書」を提出するが、そのなかで、木戸はかつて自分が唱えた「征韓論」のことを次のように書いている。

「大政復古の初め、封建いまだ解けず、兵馬の政(まつりごと)、ことごとく諸侯にあり。朝廷は空器(からのうつわ、武力を有しないこと)を擁して天下に臨む。天威(天皇の威光)の沮息(しょそく)する(息をはばむ)ことを恐れ、一時、事を朝鮮に寄せ、新たに親兵を編徴(徴集編成)して、もって武力を試みようとした。けだし、その意は傍(かたわ)ら内姦を圧倒することのみにあった。…」[34]

木戸はここで、かつて自分が唱えた「征韓論」の趣意は、「一時、事を朝鮮に寄せ、…。けだし、その意は傍ら内姦を圧倒することのみにあった」と言う。「征韓論」の内実を告白しているようなものである。この言述は、西郷が「内乱を冀(こいねが)う心を外に移して国を興すの遠略」という言い方をしているのに相似である。また、木戸の「征韓論」もまずは自身の朝鮮遣使を唱えるものであり、その点でも西郷の朝鮮遣使論と同じだ。西郷が六年に自身の朝鮮遣使を唱えたとき、誰もがそれを「征韓論」と捉えたのには、一つには、そういった木戸の初年以来の「征韓論」の言動が素地にあったからであろう。

以上から、西郷が明治六年の夏、にわかに主張した自身の朝鮮遣使論は決して西郷が新たに唱えたものではなく、むしろ、木戸が「戊辰一新の春」以来熱心に唱えた対朝鮮策の方略（「征韓論」）を、六年になって西郷が「朝鮮議案」が閣議にかかったのを契機に突如、自身の朝鮮遣使論として主張したものと言える。その点で、西郷の朝鮮遣使論は木戸の「征韓論」のほとんど焼き直し、ないしは蒸し返しと言ってよい。[35]

## 四　西郷の心事

岩倉使節団が出て行ったあとの留守政府で、当初から西郷・板垣とともに参議の職にあった大隈重信が、西郷が明治六年の夏、朝鮮遣使を主張したころの西郷の心事を、『大隈伯昔日譚』（一八九五）で次のように語っている。

「西郷の心事は手短に言えば、世人の多くが想像するごとく、その当初より韓の倨傲無礼（きょごうぶれい）を憤り、一意にこれを征服してわが国威を伸ばさんと欲したのではない。彼は勧められて朝（ちょう）（朝廷）に立ちしも、諸事、心に違ってその予期の志望を達するにあたわず。前には旧君（久光）が西郷の言動に激怒してこれを痛く難責することがあり、後ろには群小不満の徒が内閣の施為（せい）を攻撃してこれを擁するあり。進まんと欲して進めず、退かんと欲して退けず、しかるにまた、依然としてその地位に立つはさらに心苦しくもあり。

さすがの西郷もほとんど失望落胆の極みに沈み、まったく人事を投げ打って世をのがれんと意を決するに至ったが、図らずも対韓問題の勃興することがあって、使節を韓廷に派遣して最後の談判を為さんとの議が出て、彼は千繞万囲の重囲中に一条の血路を開き得たる思いをなし、身を失望落胆の中より躍らし、出でてその苦悶を遣るはこれをおいて他に道なしと、それこそ熱心に問罪使を発せんことを主張し、かつ自らその任に当たらんことを切望したのである。

（中略）

むしろ対韓問題をもって悲境の一血路となし、最後の談判をなすべき最後の使節となって韓廷の殺害するところとなっても、これぞ自己の苦悶を遣るべき最後の光明にして、かつ旧君に対し、国家に対して忠死する道なりと想い、強いてその使節たらんことを要望し、そして、それが容れられなくなるや、一蹶ついに（十年に戦争を起こして）その末路を江藤と同じくするに至ったのである。

説いてここに至れば、西郷の心事を誤解した世人の多くも、彼が憐れむべき一種の強き私情にかられて、ついに世のいわゆる征韓論を唱えるに至ったことを知るだろう。」[36]

この末尾にある「憐れむべき一種の強き私情にかられて」や「その末路を江藤と同じくするに至った」という表現には、西郷に嫌われた大隈の「私情」もいくぶんか加わっているようだが、全体として、当時の「西郷の心事」をよく言い表している。

西郷は確かに、旧主・久光の今日流に言えば「いじめ」ないしは「パワ・ハラ」に遭い、またその一方で、政府高官としては、戦争で働いてくれた士族たちをいじめるばかりで、少しも助けてやれず、政治的にも道義的にも相当に追い詰められていた。

大隈が最後に書いている、

「西郷の心事を誤解した世人の多くも、彼が憐れむべき一種の強き私情にかられて、ついに世のいわゆる征韓論を唱えるに至ったことを知るだろう。」

という言い方も、「強き私情」をいくぶんか控えめに読めば、西郷の唱える朝鮮遣使論（「征韓論」）の特徴を言い表している。

ところで、西郷はこのころ、大隈の「西郷の心事」では触れられていない、もうひとつの心事をかかえていた。それは、自身の健康問題で、もしかすると自分は病状が進んで病死するかもしれないという不安である。それが西郷を行動に駆り立て、にわかに朝鮮遣使論を唱えさせる一因になったと推察できる。

多くの同志に先に死なれ、また、多くの兵士たちを戦場で死なせてもいた。西郷には死に遅れの感情が付きまとっていたのではないか。自分がこのまま畳の上で死ぬわけにはいかないという思いが強まっていたに違いない。

西郷にとって、死は恐れるに足らないものであっただろうが、何もせずに床に臥(ふ)せたまま病死することは耐え難いことであったのではないか。西郷が健康不安を感じていたこの明治六年の夏、朝鮮に渡ってその地で大義の死を願ったとしても何の不思議もない。

八月十七日の閣議で西郷の朝鮮派遣が議決される。西郷はその日は自分のことを評議する閣議ということで出席を控え、翌十八日朝に三条邸に出向いてその結果を聞き、翌日そのよろこびを板垣に次のように書いている。

「昨日は参上いたしましたところ、お出掛けでお礼も申し上げられませんでした。実に先生のお陰をもって快然たる心持ちが初めて生じております。病気もとみに平癒、三条公の御殿より先生のお宅まで飛んで行ったようなことで、足も軽く覚えました。もうは横棒の憂いもあるはずはなく、生涯の愉快このことであります。用事も済みましたので、またまた青山に潜居いたします。」

「もうは横棒の憂いもあるはずはなく」などと、よほどの喜びようだ。このころ、ただでさえ巨漢の西郷が肥満症にかかりながら、「先生のお宅まで飛んで行ったようなことで、足も軽く覚えました」などと言う姿を想像すると、いささか滑稽にも思える。しかし、ここで西郷が「生涯の愉快このこと」と書いているのは、これで征韓が果たせるという「愉快」ではない。これで大義のもとで死ねるという「愉快」である。

書簡の最後には、「用事も済みましたので、またまた青山に潜居いたします」と書いている。西郷の遺使論を平和的国交交渉論と解する史家が少なくないが、この西郷の言動からも、そういった説が成り立たないことがわかる。

もし、西郷が平和的に交渉をしようとしていたのであれば、それこそ、派遣が決まったこのときからこそが、むしろ正念場になるはずだ。とても、「用事も済みましたので」、「潜居」するというようなわけにはいかない。当時の日朝関係のもとでは、西郷のような大物が遣使に立っても、朝鮮がそれを受け入れるかどうかさえ危ぶまれていた。事実、西郷は板垣宛の書簡で自分が行けば、「暴挙に出ると予見でき」とも書いている。もし、西郷がほんとうに交渉をするつもりなら、当然ながら、事前交渉が必要であるし、交渉のための準備や研究も無論不可欠である。しかし、西郷や外務省がそういった動きを見せた形跡はない。

西郷は実際、このあと八月二十日過ぎから岩倉大使一行が帰国する前日の九月十二日まで、弟・従道の別邸に移って「潜居」したままである。交渉のための準備など何もしていない。西郷自身は朝鮮に行って「暴殺」されると言っているのであるから、外に出て何かの準備をする必要などまったくないのである。


しかし、西郷が「愉快」を感じることができたのはほんの少しのあいだであった。九月に入ると、九月二日には黒田清隆が太政大臣三条に樺太出兵を求める建言書を提出して、西郷の朝鮮遣使を牽制する動きに出る。先述のように、木戸が反対意見書を出したのもこの数日後のことである。ただ、黒田の場合は、西郷の朝鮮遣使そのものに反対というだけではなく、それ以上に、西郷が朝鮮で死のうとしているのを阻止したかったのかもしれない。黒田は三条に建言書を提出したあと、その足で西郷のもとを訪ねている。しかし、西郷には会えずに置手紙をして行ったようで、西郷はさっそく同日、黒田に次のように返書している。

「芳簡かたじけなく〔七、八字切断〕ご来訪なられ〔五、六字切断〕の仕合い、ご海恕下さい。陳れば、樺太の件を申し立てられた由、雀踊このことにございます。貴兄の持ち場に事が始まれば、朝鮮どころではなく、すぐさま振り替える心底にございます。

これまで、貴兄のご親切をこうむってきている儀、いかばかりかも相知れず、かねて死は一所と考えている次第ですので、応援どころではなく、主になって十分議論致すようにしますのでご安心下さい。相手（ロシア）はよし、これぐらいの楽しみはそうある事ではないと考えております。この旨、ご報告まで、あらかたかくのごとくです。」

西郷は、黒田の建言を「雀踊このこと」と喜び、「朝鮮どころではなく」、「相手はよし」、「すぐさま振り替える心底にございます」などと書いて、もろ手を挙げて黒田の建言に賛同すると伝えている。

しかし、右のような言葉が西郷の「心底」から出たものとはとても思えない。西郷は朝鮮行きを切望して短期間ながらその実現のために夢中になって動き、それがようやく決まったところである。「もうは横棒の憂いもあるはずはなく」などと書いて喜んでもいた。その矢先に、黒田のような身近な人物から「横棒」が入ったのである。驚きこそすれ、「雀踊」などできるはずがない。

この書簡の九日あとの九月十一日に、西郷は再度、樺太建言の件で黒田に次のように書き送っている。

「昨日は条公（三条）より（黒田の）ご建白書をお回しに相なり、何たるご趣意かも相分からず、大隈・後藤へ相回されるという趣のみにて、ご評議になる程合いも覚束なく、今になってようやくお回しになるぐらいであれば、とても護兵のところまでにも参りかねるでしょう。

ここで頑張って詮が立つものなら、書面をお回しになったことでもあるので、自分も飛び出して行っていいところかもしれませんが、朝鮮のところまでも崩れては、とんと蔵がめ（自家の大事なもの）が上がってしまうと狐疑しています。

もしや、朝鮮をこわがって余計の論を起こしているとの疑惑も起こるのではないかと案じている次第です。この樺太の件のご評議は小田原にも参りかねないと考えています。これまでの遅々、何と申すべきか、わずかの冊紙を数日一人の手に留まるようでは、推して察せられるところです。この旨、そっとお知らせします。」

前の書簡からは、一変するものになっている。前回の書簡が黒田の建言を大げさなほどに称賛し賛意を示すものであったの対して、今回のものは非協力的で冷淡である。前回は「朝鮮どころではなく、すぐさま振り替える心底にございます」と書いていたのが、今回は「朝鮮のところまでも崩れては、とんと蔵がめが上がってしまう」と書いて、完全に逆転してしまっている。また、前回には「相手（ロシア）はよし、これぐらいの楽しみはそうあるものではない」と書いていたのが、今回は「朝鮮をこわがって」云々となって、これまた、風向きがずいぶん変わっている。
今回の書簡で伝えていることは、要するに、黒田の建言についての評議は小田原評定になって流れてしまうだろうということで、前回に「応援どころではなく、主になって十分議論」すると言っていたものとはまるで違っている。たった十日足らずで、これだけの変わりようは、およそ尋常ではない。前に書いたことはすっかり忘れてしまっているようでさえある。

ところで、家近良樹（二〇一一）は西郷のこの黒田宛の二つの書簡について、筆者の右の解釈とは違って、西郷がそのときの思いをそれぞれ率直に書いたものとして捉えている。つまり、九月二日付書簡については、

「黒田宛の西郷書簡を率直に読めば、この時の西郷は自らの死に場所を朝鮮に限定せず樺太でもよいと言明したと理解できる。また当時の西郷が、他の国事問題より朝鮮問題の解決をなにがなんでも優先したわけではどうやらなかったらしいことも窺われる。」

とし、あとの九月十一日付書簡については、

「彼（西郷）は、黒田に三条実美への不信感を洩らしたのである。」
「西郷の心は、一時、樺太への自身の出兵でたぎったものの、元の鞘に収まったというべきであろう。」[37]

と言う。

しかし、たった十日足らずで、「西郷の心は、一時、樺太への自身の出兵でたぎったものの」、また朝鮮の方へと「元の鞘に収まった」りしたのだろうか。

西郷は板垣に最初の書簡で自分の朝鮮遣使への支援を頼んで以来、まるでとりつかれてように懸命に活動して、ようやく自身の朝鮮派遣が決まって間もないとき、黒田から樺太出兵の建言のことを聞かされて、急に心が「樺太への自身の出兵でたぎった」りするとはとても思えない。またそれが、十日足らずで「元の鞘に収まった」りするとも無論思えない。

いくら何でも、西郷がそんなに簡単に自分の気持ちをころころと変える人物ではないだろう。また、西郷にとって、朝鮮遣使論がそれほどあやふやなものであったとも思えない。もし、そんなあやふやなものであって、そのことが板垣や三条の耳に届けば、それこそ物笑いの種になるだけだ。

また、家近は十一日付書簡について、西郷は「三条実美への不信感を洩らしたのである」と言うが、この書簡はそういった趣旨で書かれたものではない。もし、西郷が三条にほんとうに不信感を持ったなら、前の書簡で黒田に「応援どころではなく、主になって十分議論致すようにしますのでご安心下さい」と書いていたのだから、三条に対して評議が進んでいないことに注文を付けるぐらいのことはしてもよいはずだ。西郷には、もともと「十分議論」するような気がなかったからこそ、あとの書簡で右のように書き、また、実際にも何もしていないのである。西郷にそのような気がなかったことは、次に取り上げる西郷の翌十二日付別府晋介宛書簡を読めばいっそうよくわかる。

家近が西郷の書簡を右のように解釈するのにはわけがある。家近がこのことを書いている書籍の副題は「体調不良問題から見た薩長同盟・征韓論政変」となっており、西郷の「体調不良」が彼の

政治活動に及ぼした影響に注目しているからだ。家近は、明治六年の西郷について、

「この段階の西郷がひどく好戦的であったことである。これらの諸々のことを考慮すれば、躁状態が依然として続いていたとも受け取れる。また西郷の精神高揚には、大量に服用していたであろう薬物の副作用の可能性も想定しうる。」[38]

と言う。

確かに、このころの西郷の言動には尋常でないものが看て取れる。その要因に健康問題があったことも十分に想定できる。その限りにおいて、家近の立てている仮説は興味深いものだが、二つの書簡を右のように解釈するのは、残念ながら、家近がやはり、自分の立てた仮説のもとに史料を読んでいるからである。

二つの書簡に関する家近の解釈に対する批判は、筆者が前著A（二〇一四）でしておいたが、家近は近著（二〇一七）でもなお、

「そこ（最初の九月二日付書簡）には、黒田の建議に大いに賛同し、戦争に繋がる事態の到来を歓迎する西郷の姿があった。西郷は、樺太で戦争が始まれば直ちに自分も戦場に駆けつけることを表明した。（中略）ここには、図らずも、西郷が死に場所はなにも朝鮮ではなく樺太でもよいと考えたらしいことがわかる。」[39]

と解釈している。筆者の批判は無視されたようである。

西郷は黒田に前掲の九月十一日付書簡を送った翌十二日に、部下の別府晋介に次の書簡を送って

いる。

「昨日は手紙をもらい、ことごとく拝読しました。頼んでおいた短銃をお探し下された由、お礼を申し上げます。誠に十分の筒にて、この上ない事です。ついては、代金いかほどか、そっとお知らせ下さい。

末筆ながら少々お風邪を引いておられる由、ご加養されることを祈ります。今日は（岩倉）大使も帰着の賦（予定）です。私も当所を引き払い、小網町へ帰る賦ですが、この雨冷えにて明日に延ばしました。

先日は北村（重頼）がきて、是非連れて行ってくれとのことにつき、…。土州（土佐）人も一人死なせて置いたなら、跡がよろしいだろうと考えています。この節は第一に憤発の種蒔きなので、大いに跡のためになるだろうと考えていますが、どう思いますか。…。

（追伸）

是非（九月）廿日までには出帆の賦で、その辺は十分に働きますにつき、ご養生されるように。出立前に風邪などお煩いになっては、少しは娑婆が名残ありげに見えます。かか大笑い。」

書簡の冒頭で、頼んでおいた短銃が届いたことで別府に礼を言っている。この時期からして、朝鮮行きに携帯するつもりなのであろう。西郷はこの書簡でも自分たちは死ぬと書いているから、それは単に護身用にするものではないようである。立ち回りにでもなることを想定して、持って行くことにしたのであろうか。

平和的な交渉に赴く者が自らの懐に短銃など忍ばせて渡韓するといったことはないであろう。それにそもそも、別府や北村のような武人を連れて行っても平和的な交渉には何の役にも立たない。西郷朝鮮遣使平和的交渉説はこの書簡からも否定されよう。

ここでは、自分たちが朝鮮で死ぬことは話の前提になっていて、「土州人も一人死なせて置いたなら、跡がよろしいだろう」とも言う。その土佐人の北村は板垣配下の者で、前年、花房遣韓大使が釜山に行ったときに、軍部から別府とともに朝鮮調査のために派遣された者の一人である。

西郷は板垣や三条に朝鮮で「暴殺」されると言っているが、別府や北村にも、朝鮮で死ぬことを告げていることになる。「この節は第一に憤発の種蒔き」と書いていることからして、自分たちは征韓の「種蒔き」のために死ぬとでも言っているのであろう。

西郷の頭のなかにあるのは、終始朝鮮行きのことばかりで、先に黒田に「貴兄の持ち場（樺太）に事が始まれば、朝鮮どころではなく」などと書いていたのは、もとから単なるお世辞に過ぎなかったことになろう。

西郷はこのあと、さらに九月二二日にも黒田に書簡を送っている。それは黒田の樺太建言の件ではなく、自分の朝鮮行きの件で黒田に協力を求めた次のものだ。

「昨日の談判は案じておりましたところ、案外の仕合になったものの、よくよく考えてみると、遂に談合はどうなったのかを尋ねてみても、よほど難渋と見え、皮膚の間を恐ろしげに歩み来て、終わりに至ってもうは戦いなしには済む間敷くと、ようやくながら口に出したのは、おそらく考え極まって戦いをもって答えたぐらいのことでしょう。（中略）
野津（鎮雄）氏には自分の定見はさらになく、ただ人の説を聞いて太鼓を叩き回るばかりです。また、猶予狐疑（ぐずぐずして狐のように疑い）深い信吾（弟の従道）に、暫時の日間を与えれば、またまた違変の策を巡らすのは案中の事ですので、何とぞ速やかに軍局の論を定め、正院へ申し立てるよう、責め付けて下さるようお頼みします。篠原君へも貴兄よりご催促成し下さるよう、お通し置き下されたく合掌奉ります。
このたび、またまた変わってしまっては、私も諸君に対し面目なく、実に痛心しており、幾重にもよろしくお汲み取り下さり、埒が明くよう力添えを頼みます。あまりに考え過ぎかもしれませんが、少しも違論なく、最も安く相調いました故、この前の手に陥りはしないかと、疑惑している次第です。この旨、略儀ながら書中をもって心腑を吐露しました。よろしくご容赦下さい。」

この書簡の前日二一日に、西郷を含め薩摩出身の武官たちが西郷の朝鮮行きのことで相談する会合を持っている。黒田は、関西遊覧旅行から帰京したばかりの大久保にこの前日二十日に、「至急拝謁面晤（面談）したき義あり、ご都合宜しければ明二一日早朝参殿したく」とする書簡を送っており、この九月二一日朝には会っていたはずだ。おそらく、この会合のことも事前に相談していたのであろう。

この書簡では、会合で具体的に何が話し合われたかなどはよくわかないが、いずれにしても西郷自身は、弟の従道を始め配下の武官たちのすることがことごとく気に入らなかったようだ。文面は実に重苦しいものになっている。

この前の黒田宛書簡からしても、西郷は黒田の気持ちは十分にわかっていたはずだが、この書簡ではまた、前の書簡の高圧的な態度を一変させて懇願調になり、「心腑を吐露しました」などと書いて、ただひたすら黒田に自分の朝鮮遣使への支援を求めている。[40]

九月二日の黒田宛の最初の書簡では、「貴兄の持ち場（樺太）に事が始まれば、朝鮮どころではなく、すぐさま振り替える心底にございます」などと書いていたが、二二日のこの書簡では、ただ自分の朝鮮行きのことで頭がいっぱいで、先に書いたことなどはすっかり忘れてしまっているかのようである。九月二日付の最初の書簡が自身の真意を書いたものでないことは、この書簡からも明らかである。

西郷が九月中に黒田に送ったこれら三通の書簡には、この時期の西郷の不安定で鬱屈（うっくつ）した心理状態がよく表れている。本来なら、弟の従道や黒田らが、西郷の考えに反対したり、いわんや、西郷のしようとしていることに邪魔立てをしたりすることはないはずだ。西郷はこの時期、突如朝鮮問題に夢中になって、独善的になるばかりで、周りにいる者たちの気持ちさえ読み取れなくなっていた。かつて、人望を集め、人心を掌握して采配を取った、武将・西郷の姿をそこに見ることはできない。

注

1 「始末書」については筆者の前著AとCで、また「七カ条反対意見書」と『岩倉公実記』および『明治天皇紀』記載の勅答については前著Bで、当時は実在していなかったことの論証をそれぞれ試みている。

2 勝田孫弥『西郷隆盛伝』覆刻版（もとは一八九四年）、至言社、一九七六年、第五巻、九三頁。

3 『岩倉公実記』下巻、原書房、一九〇六年、一一一八頁。

4 『岩倉具視関係文書』第五巻、東京大学出版会、一九三一年、三四五—三四六頁。

5 三条の十月十二日付岩倉宛書簡にある言葉。前掲『岩倉公実記』下巻、一一〇三頁。

6 『大西郷全集』第二巻、平凡社、一九二七年、七九二頁。

7 『西郷隆盛全集』第三巻、大和書房、一九七八年、四一六頁。

8 『大久保利通関係文書』第一巻、吉川弘文館、一九六五年、三三九頁。

9 前掲『岩倉公実記』、一一〇四頁。

10 同上書、三条の十月十二日付岩倉宛書簡にある言葉、一一〇四頁。

11 なお、両日の閣議が、西郷派遣の是非についてではなく、西郷派遣の即時実行か延期か（参議江藤新平の言葉では「朝鮮使節御差立て遅速一件」）を議案にして始められたことについては、筆者の前著Bの第四章および結章、またはCの第九章を参照されたい。

12 前掲『岩倉公実記』、一一〇〇—一一〇一頁。

13 坂野潤治「明治政権の確立」、井上光貞他編『日本歴史大系四　近代I』、山川出版社、一九八七年、三一九頁。

14 この引用部は、八月三日付書簡にあるものではなく、西郷の八月十七日付板垣宛書簡にある。

15 坂野潤治、前掲書、三二〇頁。

16 田村貞雄、『歴史学研究』六一五号、一九九一年一月。

17 毛利敏彦、『歴史学研究』六二四号、一九九一年十月、三三頁。

18 同上書、三四頁。

19 毛利敏彦『明治六年政変の研究』、有斐閣、一九七八年、六頁。

20 「始末書」の解釈については、一九七六年出版の『史料構成　近代日本政治史』（安部博純・岡本宏・藤村道生・毛利敏彦著、南窓社、一九七六年）でも同様の解釈を披露している。

21　前掲『西郷隆盛全集』、四一八―四一九頁。
22　飛鳥井雅道「西郷隆盛は平和主義者だったか」、藤原彰他編『日本近代史の虚像と実像1』、大月書店、一九九〇年、二一二頁。
23　諸洪一「明治六年の征韓論争と西郷隆盛―閣議決定と『勅旨』をめぐって―」、『日本歴史』六五五号、二〇〇二年、八八頁。
24　笠原英彦『大久保利通』、吉川弘文館、二〇〇五年、一三九頁。
25　田村貞雄、前掲書、二四頁と六四頁。
26　福地惇『明治新政権の権力構造』、吉川弘文館、一九九六年、一七〇頁と一八三頁。
27　萩原延寿『大分裂：遠い崖―アーネスト・サトウ日記抄10』、朝日新聞社、二〇〇〇年、一六七―一六九頁。
28　磯田道史『素顔の西郷隆盛』、新潮新書、二〇一八年、二二二―二二三頁。
29　毛利敏彦『明治六年政変』、中公新書、一九七九年、「まえがき」三頁。
30　同上書、一八四―一八五頁。
31　福地惇、前掲書。
32　川道麟太郎、前著A、第六章、参照。
33　『木戸孝允文書』第三巻、東京大学出版会、一九三〇年、二三〇―二三一頁。
34　『木戸孝允文書』第八巻、東京大学出版会、一九三一年、一三二頁。
35　史学者のあいだでは、従来から西郷の征韓論と木戸のそれは異なるという説が多い。例えば、藤村道生（一九九五）は、明治八年九月に起きた江華島事件の際、木戸が十月五日に政府に差し出した建議書の解釈で、遠山茂樹の誤読を指摘して次のように言う。
「遠山茂樹氏は、木戸の見解を、当時、島津久光らの反政府運動が朝鮮問題をとらえ、軍人、士族の賛成支持をうけようとする形態に対抗するために、『思想を一変』して政府を強硬論で統一させようとしたものだとし、木戸の外交論の根底にあるものは西郷らとひとしく征韓論だったとされている。しかし、木戸はこのとき、直ちに朝鮮への出兵を主張していたのではない。（中略）木戸はこのように主張し、清韓宗属関係の肯定のうえに、朝鮮問題を解決しようとし、…、いわゆる（島津久光らの主唱する）征韓論には反対したのである。したがって西郷の朝鮮出兵、占領を目的とする征韓論と、木戸の遣韓使節派遣の議とを同列に論ずることには疑問がある」（『日清戦争前後のアジア

政策』、岩波書店、一九九五年、一三九―一四〇頁）
とする。藤村はここで、西郷の朝鮮遣使論は「朝鮮出兵、占領を目的とする征韓論」と見て、それと「木戸の遣韓使節派遣の議とを同列に論ずることには疑問がある」と言う。藤村がここで言う遠山の誤読の指摘は正しいが、西郷の朝鮮遣使論を「朝鮮出兵、占領を目的とする征韓論」とするのは、藤村の誤解である。筆者が本書でも述べているように、西郷の朝鮮遣使論が「占領を目的とする征韓論」であったというようなことはない。

　また、落合弘樹（二〇〇五）は、西郷の「征韓論」と木戸の「征韓論」の関係について、

「国内の改革と結びつくかたちの征韓論は明治初期に木戸孝允も唱えているが、その前提となる集権論への批判を込めて諫死した鹿児島士族横山正太郎を西郷が称揚したように、意味合いはまったく異なる」（落合弘樹『明治国家と士族』吉川弘文館、二〇〇一年、一一〇頁）、と言う。落合は横山が明治三年七月に諫死してその彼の行動を西郷が称揚したのと、西郷の六年の「征韓論」とを結び付けて考えているようだが、そのもとに、木戸の「征韓論」と西郷のそれとは「意味合いはまったく異なる」と言うのは、どういうことなのかよくわからない。

36 円城寺清編『大隈伯昔日譚』、東京大学出版会、一八九五年、六九三―六九五頁。

37 家近良樹『西郷隆盛と幕末維新の政局―体調不良問題から見た薩長同盟・征韓論政変―』、ミネルヴァ書房、二〇一一年、三六―三七頁。

38 同上書、三六頁。

39 家近良樹『西郷隆盛―人を相手にせず、天を相手にせよ―』、ミネルヴァ書房、二〇一七年、四三五頁。

40 この書簡の解釈について、家近良樹は前掲書（二〇一七）で、筆者の前著A（二〇一四）での論述を批判しているので、ここでその批判に対する反論をさせていただく。

　家近は、筆者が前著Aでこの西郷の九月二二日付黒田宛書簡の解釈をして、

「西郷はここで『諸君に対し面目なく』として、自分が『諸君』のために事を起こそうとしているかのように書いているが、その『諸君』の当の者たちは、西郷の考えにあまり乗り気ではなかったようだ。」

と書いたのを批判して、「『諸君』の正体」という小見出しを設け、

「川道氏は、右の西郷書簡中にある『諸君』を西郷従道や野津兄弟ら『薩摩出身の軍の高官』のことと解したが、これは正確な理解の仕方ではない。ここで西郷のいう『諸君』とは、当時、西郷のまわりにいて、彼の使節志願のことを知りうる立場にあった陸軍トップ（桐野利秋や篠原国幹ら）および西郷配下の鹿児島出身の兵士やポリス構成員

のことを指した。」

と言われる。

筆者は「諸君」を別段、家近が言う「西郷従道や野津兄弟ら『薩摩出身の軍の高官』のこと」と限定的に「解し」て言っているわけではない。筆者の言う「諸君」には、無論、「西郷従道や野津兄弟ら『薩摩出身の軍の高官』を含み、家近が言う「陸軍トップ（桐野や篠原ら）」や「西郷配下の鹿児島出身の兵士やポリス構成員」も含まれる。西郷が十月十一日付三条宛返書で「死をもって国友に謝るまでです」と書いた「国友」を指すと言ってもよい。

しかし、その「国友」たちのなかでも、このたび西郷が朝鮮遣使に立って自ら死ぬようなことしようとしていると知れば、それには反対する者も出てくるであろう。前日に集まった「薩摩出身の軍の高官」たちはそれを知っていることもあって、非協力的な態度を取っているのである。特に弟の従道や黒田は多分、現今の朝鮮問題などで西郷を死なすわけにはいかないと思っていたであろう。

「諸君」というのは、もとより文法的に言うと二人称である。黒田宛の書簡で書いている「諸君」には、黒田を含んで、前日に会合を持った「西郷従道や野津兄弟」、それに「桐野利秋や篠原国幹ら」が含まれるのは当然である。その「諸君」を筆者が「『薩摩出身の軍の高官』のことと解し」て、どうして「正確な理解の仕方ではない」と言えるのだろうか。もっとも、この件そのものは論争の争点になるほどの問題ではない。批判を頂いた関係上いちおうの反論をしておく。

# 第五章　西南戦争を語る史料

西南戦争は一般に西郷隆盛が起こした戦争と見られている。しかしまた、その一方で、官軍の総司令官・山県有朋は「君の素志にあらざるなり」と断じ、勝海舟は「ぬれぎぬを　干そうともせず子供らが　なすがままに　果てし君かな」と詠い、また、福沢諭吉は西郷の「抵抗の精神」を弁護してもいる。さて、実際はどうなのであろうか。

## 一　桂久武宛明治九年十一月書簡

明治九年十月に熊本、福岡、山口で士族の反乱が連鎖して起きる。勝田孫弥はこのときの西郷の胸中を、『西郷隆盛伝』（一八九四）で次のように書いている。

「九年十月熊本神風連の暴動、秋月士族の紛騒起こり、また十一月に至り前原一誠等長州に暴挙するに及び、私学校党少壮の輩はますます興奮し、これらもって機会到来したとし、相応して決挙せんと欲し、その計画・方略を議決して、隆盛に請求したが、隆盛は常にこれを叱って退けた〔諸氏直話〕。…。

私学校党の某、…、断然、意を決してこの機会に乗ぜんことを唱え、隆盛これを聞き、容を改めて言う。長州暴発して、国内騒乱に及ぶ。これ実に邦家の難事ではないか。しかるに、これを見て好機会と称するもの、そもそも何らの意ぞと。某、それを聞き首肯して退く。この一事も、またもって、当時の隆盛の胸中を想知すべし。

実に、隆盛の精神は国家独立の一点にあって、国内の紛争を醸すがごときはまったくその素志にないことを明知すべきなり。しかし、少壮輩は隆盛の大目的とするところに従い時機の到来を待つことができず、慷慨悲憤の情は爆発して遂に十年の大破裂を生ずるに至った。」[1]

『大西郷全集』(一九二七)も同様に、勝田が「私学校党の某」としているのを、永山盛武と特定して、

「永山は意気揚々として日当山(ひなたやま)に至り、隆盛に面会して大にその所信を述べた。しかるに隆盛は勃然、色を作して『君等進んで自重せずして、そのような有様ではどうして後進を率いることができようか。前原の反乱はどれほど良民を苦しめるか知れない。実に国家の不祥事であるのに、君等は何と言うか』と叱りつけた。」[2]

と言う。

ともに、西郷には国内で騒乱を起こすような考えはまったくなく、もっぱら外患による国難に備

えることこそが自分たちの使命だと考えていたと言う。

ところが、昭和五三年発刊の『西郷隆盛全集』第三巻に初めて収録された、西郷の桂久武宛書簡は、[3]『西郷隆盛伝』や『大西郷全集』が右のように書いて、一般に定着している見方に疑問を投げ掛けるものになった。書簡は、西郷が逗留していた日当山温泉（現・鹿児島県霧島市）から明治九年の「十一月」付（日はなし）で送った次のものである。


「…。両三日珍しく愉快の報を得ました。去る二八日、長州の前原・奥平ら石州口（島根県の石見）より突出した由、三一日には（山口県）徳山辺（あたり）の人数も繰り出し、（福岡県）柳川辺よりも同様の趣きのようです。熊本（神風連）の人数は、いよいよ船にて出かけた由、確かにわかります。右かたがたの引き合いとして肥後の巡査両名が参り、前原等の電報をもって掛け合いがあったにつき、相違ないことでしょう。

　もはや、大坂辺は手に入れているのではないかと察せられます。因・備（鳥取・岡山方面）そのほか石州辺は、必ず起（た）つはずで、天長節（明治天皇誕生日、十一月三日）を期日と定めていた趣きですが、機会に先んじてしまったように伺われます。天長節の期日であれば、江戸には必ず手を組む者があるはずです。そうでなくては、期日の定め方、それ以外には格別の機会日とは考えられません。

　前原の手はよほど手広く仕掛けた故、この末、四方に蜂起があるだろうと楽しみにしています。この報を得ましても、ただ今までも、ここに滞在しております。急ぎ帰っては、壮士輩が騒ぎ立てるだろうと推慮いたし、決してこの方の挙動は人に見せず、今日に至っては、なおさらにことです。ひとたび動けば、天下驚くべきことをなすつもりと、含み罷りおる次第です。この旨、あらかたお知らせのみ、かくの如くです。」

西郷は各地で蜂起が連鎖したのを聞いて、「珍しく愉快の報を得」たと喜び、また、「この末、四方に蜂起があるだろうと楽しみにして」いるとも書いている。書面全体に西郷の先行き(さきゆ)への期待感が読み取れる。また、希望的な観測をたくましくもしている。しかし実際には、西郷がこれを書いたころにはすでに、熊本の神風連の暴動も、福岡の秋月の騒擾も、長州の萩の決起も、いずれも、官憲によって制圧されていた。

ここで見せている西郷の姿は、勝田孫弥が西郷は「長州暴発して、…、これを見て好機会と称する者、そもそも何らの意ぞと」叱ったと言うのや、『大西郷全集』が西郷は部下の者に『前原の反乱はどれほど良民を苦しめるか知れない。実に国家の不祥事である』と諭(さと)したと言うのとはずいぶん違う。また、勝田が西郷に「国内の紛争を醸すがごときはまったく素志にないことを明知すべきなり」としているのとも違う。

この西郷の桂宛書簡については、それが公になった当時から相当に注目され、これを最初に収録した『西郷隆盛全集』も、その編集委員会で「新史料・桂四郎宛西郷書簡（明治九年十一月）をめぐって」の座談会を開いている。

その座談会でも、書簡の解釈で意見が分かれ、この書簡は西郷の決起の意思を示すものとする委員がいる一方、西郷自身にはそういう意思はなかったとする従前の立場から、西郷はむしろ、右のような反乱が続発するといずれ「鎮定する役割が自分にまわってくるということで一つの期待を持ったということじゃないか」とする委員もいる。

この座談会を報じている『西郷隆盛全集』月報（昭和五三年二月）はさらに、その最後に、「誌上参加」として宮下満郎（当時、鹿児島県維新史料編纂所）の次の見解を掲載している。

「（西郷が）前原らの挙兵を愉快だと報じたことについては、その後入手した同年十一月六日付の西郷宛椎原与右衛門書簡（同三巻に収録）でも、同じように愉快であると述べているので、当時の鹿児島士族の多くの者が同じように考えていたのであろう。後に西南戦争へと走った彼らの行動から推して、当然考えられることである。さらに西郷が、中央政府の困惑を想像できるにもかかわらず、愉快と述べたことは、彼も反政府分子の一人であったと云えるのであろう。次に『一度相動き候わば』以下については、士族反乱を起こすという意味ではなく、西郷は独自の政府改造の意見を持っていたと思う。西南戦争にしても、西郷軍は最初から政府軍と対決するつもりではなく、事の成り行きから戦争に及んだようである。

勿論政府が、武装した大軍の上京をだまって見すごす筈がなく、衝突は必至であったが、陸軍大将西郷隆盛が上京するのだから、多分成功するであろうと考えた私学校幹部の考えに甘さがあり、ここに鹿児島人特有のテゲテゲ（適当、いい加減）さがみられる。

とにかくこの書簡によると、明治九年段階で、西郷は何らかの行動をおこす決意があったことは確かであるが、その行動が即西南戦争であると考えるのは、あまりにも皮相的な見方であり、のちの西南戦争はその結果でしかないと思う。」[4]

実に見識に富んだ見解である。この宮下の見解が、今から四〇年前に発せられていたことを思うと、今日の西南戦争に関する史学者や識者の理解のレベルに不満を感じざるを得ない。

## 二　西郷を語る史料

坂野潤治（二〇一三）は西南戦争における西郷の当初の見通しについて次のように言う。

「西郷の戦略的見通しについては、当時島津久光の側近として鹿児島で旧藩の史料の蒐集・編纂に当たっていた市来四郎という人の日記風の回顧録のなかに、興味深い記述がある。『鹿児島県史料・西南戦争』の第一巻に収められている『丁丑擾乱記』（ていちゅうじょうらんき）がそれである。

この史料の内容は、二〇年以上前に読んで、西郷なりの戦略的合理性を見出した気がした。しかし肝腎の市来四郎という人物の詳しいことがわからなかったので、史料自体の信頼度については確信がなかった。しかし二〇一一年に家近良樹氏の『西郷隆盛と幕末維新の政局』という労作が刊行されて、ようやく人物もわかり、『丁丑擾乱記』の信頼性にも確信が持てるようになった。…。

西郷隆盛とは正反対の立場に立っていたことは事実だが、同時代の薩摩藩で同世代の政治家として活動していたことは、彼の西郷情報に信頼性を付すものと思われる。

その市来は、西郷らが出陣する四日前の、一八七七年二月一一日のことを次のように記している。

『十年二月十一日、日照後雨、寒冷。〔中略〕西郷曰く、川村〔純義、海軍大輔〕は十に四、五は我に助力すべし、此一名を取込むときは海軍は全く我がものなり。熊本には樺山資紀〔鎮台参謀長〕あり。肥境〔熊本県境〕に我が軍進まば、一、二大隊の台兵〔鎮台兵〕は我に帰すべし。』

（中略）

西郷の見通しに同意した鹿児島県令大山綱良の、『熊本にては五ツ組の〔豪華な〕料理にて待つぐらいならん。馬関〔下関〕にては川村等が〔西郷〕迎えの汽船あるべし〔よこすであろう〕。面白く花を詠めて上着すべし』というシナリオにもまったく根拠がなかったわけではない。」[5]

坂野はこの『丁丑擾乱記』（以下、『記』と略す）の市来の記述が相当気に入っているようで、『近代日本政治史』（二〇〇六）、『未完の明治維新』（二〇〇七）、『日本近代史』（二〇一二）で繰り返し取り上げている。坂野は、西郷は自分たちが蜂起すれば、海軍トップの海軍大輔・川村や熊本鎮台の参謀長・樺山らが薩軍側に付くだろうと語り、それなりの「戦略的見通し」を持っていたと言うのである。

坂野の右の引用の仕方からすると、市来が西郷から直接に右のように聞いたように読めるが、そうではない。市来は県令の大山綱良の口から、西郷の話として聞いたことを書いているのである。実際、市来が西郷から直接話を聞けるような情況にはなかった。

この『記』の二月八日の条で市来は、

「午前九時西郷隆盛は宅を出て、…私学校に入る。これより賊員該校を本営と称す。…。西郷の邸宅警衛は本営に転じ、銃器を携え刀剣を帯する者数十名、昼夜警衛軍営に異ならず。」[6]

と書いている。市来自身が「賊員該校」と称する「本営」にいる西郷と会えるはずなどない。

また、坂野が右で引いている「馬関にては川村等が迎えの汽船あるべし」云々のすぐあとには、実際の市来の『記』では括弧書があって、

「大山・淵辺等の言はみな軍略上の言ならん。今にしては笑うべしといえども、当時の形況はこれに類した説が多かった」[7]

と注記が入っている。

つまり、『記』にある市来の記述は「今にしては笑うべしといえども」とあるように、その当時に書いたものではなく後に書いたもので（この点は坂野も「日記風の回顧録」としている）、しかも市来自身、大山らの言辞すなわち西郷が右のように言ったというような話は、「みな軍略上の言ならん」として、実際には本人たちも必ずしもそれを信じて言っているわけではないとして記しているものなのである。坂野もこの記載は知っているはずだが、それについては黙止している。

また、坂野は『記』からの引用部の冒頭で、「十年二月十一日、日照後雨、寒冷。〔中略〕西郷曰」としているが、市来は実際には、その冒頭部で天候を記載したあと、坂野が「中略」としたところで、

「午後一時頃高雄丸入港、市街大いに騒動し、問罪の軍艦ならんと、心ある人ははなはだ痛嘆

する。暴徒は小舟数十艘に取り乗り、同艦に乗込み掠奪せんと、しかれども、本艦に接近するを得ず…。」[8]

と書き、さらに、高雄丸で来鹿した「川村海軍大輔・林内務少輔」と大山綱良県令や私学校党員らとのあいだのやり取りを縷々書いている。坂野が先に「西郷曰」として書いていることは、この中で書いていることで、大山が高雄丸に乗船してそこで川村らと談判したことを、大山が帰って西郷に伝えたときに西郷が言ったことを、市来が大山から聞いたとして書いているものだ。

また、市来が二月十一日の条に「午後一時頃高雄丸入港」としているのは間違いで、高雄丸が鹿児島港に入ったのは実際には二日前の二月九日である。

この件については、大塚虎之助著『「唯今戦争始メ候」―電報に見る西南役―』（一九九一）で、かなり正確なことがわかる。それによると、

「川村中将、林内務少輔は二月七日高雄丸で神戸出帆、九日鹿児島港に着いたが、上陸を阻まれた。」

とあり、川村が二月十二日に尾道から山県、伊藤両参議宛に打った電文〔暗号電報〕には、

「薩摩へ去る九日朝着船す　兵器を以て我が高雄丸に乗り入らんとす故に　上陸するあたわず（大山綱良）県令はようやく高雄丸に会す　とても鎮定なり難し…。中原その他三十名捕縛せしと県令より聞く　風波のため今日午前八時二十分当港（尾道港）へ着く」[9]

とある。

市来がどうして高雄丸の鹿児島入港日を間違えたのかはよくわからないが、この高雄丸の来航日

の間違いは、市来の二月十一日の右の記述内容との関係からしても、かなり重大なミスということになる。

坂野は右で「市来は、…、一八七七年二月一一日のことを次のように記している」として、『記』の引用をしているが、高雄丸来航は実際にはその日ではないことを知っているために、その記述のところは「中略」に含めているのかもしれない。

なお、この『記』の二月九日の条には、高雄丸入港の件は一切記載がない。いずれにしても、後にこの『記』を編纂したときの、市来の編集ミスか記憶間違いであろう。ちなみに、『記』の二月九日の条には、

「当時県内の士族は両派に分かれ、ようやく仇視する勢いとなれり。島津家に属する者は、臣道を守の一途にして言行ともに温順、私学校員は兇暴、」[10]

とある。市来は当時の両派をそのように見ていたことになる。「私学校員は兇暴」と言うのが間違っているわけではないが、市来がどういう立場に立つ人物であるかは、この記載でもはっきりする。

坂野は「二〇一一年に家近良樹氏の『西郷隆盛と幕末維新の政局』という労作が刊行されて、ようやく人物もわかり、『丁丑擾乱記』の信頼性にも確信が持てるようになった」と言うのだが、右のようなことからしても、『記』は実際にはそれほど「信頼性にも確信が持てる」ものではないようだ。

そこで、次に家近(二〇一一)が『記』をどのように評価しているのかを見てみよう。

家近はまず、薩摩藩に関する重要な史料が幕末以来、島津斉彬の遺言による焼却や西南戦争による焼失・散逸などで、数次にわたって大量に失われたこと、また、市来四郎自身の三十年間にわたって付けていた日記も西南戦争の際に失われたことなどに触れ、その上で、そういった悪条件にもかかわらず市来は、

「西南戦争後いくばくもなくして、めげずに資料収集活動を再開し、かつ島津家の歴史編纂事業にも携わることになった。その過程で、抜群の記憶力を頼りに、自分の頭の中に残った記憶を復元する作業にも取り掛かることになる。このような存在だった市来だからこそ、彼の証言はことさら貴重なのである。」[11]

と言う。そして家近は、

「彼が中心となった編纂事業は、このあと明治三十三年(一九〇〇)まで続けられることになる。ここで注目しておきたいのは、市来が綴った草稿に島津久光と忠義の両者が共に目を通しているることである。また市来は、事蹟調査を重ねる過程で久光から親しく話を聞く機会を多く持った。」

「市来の歴史家としての能力について一部に若干ながら疑問視する声もあるようだが、これは市来の若い日からの研鑽とその能力、…、正確な幕末維新史を後世に残したいとの切実な思いを考慮しない浅薄な見解と言ってよい。」

とし、最後に、

「いずれにせよ、久光は幕末期にあって藩の方針を最終的に決定する立場にあった。また市来は、当代最高の歴史家の一人であった。そして、この両人の体験と歴史観が結びついて成ったのが、『忠義公史料』等の史料だったのである。」

と言う。[12]

家近がここで評価しているのは、市来四郎の熱意や能力であって、その上で「当代最高の歴史家の一人で」あったというものである。つまりは、『記』の記述そのものの信頼性については何も触れていないのである。いくら「抜群の記憶力」であっても、失った日記の記述をそのままに思い出せるはずなどない。

無論、『記』やそれらを収録した『忠義公史料』が貴重な史料集であることに疑いはないが、それを編纂した市来の高い能力や「正確な幕末維新史を後世に残したいとの切実な思い」、それに「市来が綴った草稿に島津久光と忠義の両者が共に目を通している」といったことが、史料の信頼性の保証になるわけではない。旧藩主父子が目を通すことによって、かえって記述に歪みが生じることだってある。市来が遺した史料や編纂した史料集に対して、歴史学の専門家が「疑問視する」ことが「浅薄な見解」などとはとうてい言えない。

しかし、坂野は前掲のように、この家近の『記』の評定を全面的に信頼して、「ようやく（市来の）人物もわかり、『丁丑擾乱記』の信頼性にも確信が持てるようになった」と言う。筆者には、史学者のこのような感覚がどうにも理解しがたい。

しかも、この史学者たちは政治史を専門とする人たちである。政治家や政治に携わる者が、政治上の事柄をどのように論じ、記述・記録し、また隠ぺいするか、また、その言辞や記録の信頼性がその人の能力や熱心さで判断できるわけではないことなどは、少し歴史書や歴史上の史料をひもとけばわかるはずだ。能力があり熱心な人間ほど、自身の言動に疑いを持つことなく確信的になりやすく、また、虚偽や虚構を創るのに秀でている場合はいくらでもある。そういったことは、今日の政治家や官僚の言動あるいは記録の廃棄・改竄などの現象を見てもすぐにわかることだ。

人間関係から見れば、市来と西郷との関係はもとから大変よくない。年齢がほぼ同じ（一歳西郷が年長）で、ともに島津斉彬・久光両主君に仕え、互いのことをよく知り合っていたこともあるのだろう、互いに相手に対して嫌悪感さえ抱いている。

西郷は市来のことを「市来四郎など山師」（桂久武宛明治四年十二月十一日付書簡）と呼んで嫌い、市来もまた、西郷のことを『記』で、

「性質粗暴。利財に疎（うと）く、事業を執るに短なり。……。ひとたび憎視するときは、積年孤視して容慮なく、……。議論なく、動ずるに腕力をもってせんとする僻あり。旧君の恩義を重んぜず、人を貶（おとし）めるも少なからず、豪傑と言うべき風采なし。」[13]

と酷評している。一方的に、市来が間違っているわけではない。しかし、いずれにしても、このような二人が、互いに相手のことを正当に評価できたり、伝えたりできるとは思えない。「同時代の薩摩藩で同世代の政治家として活動していたことは、彼（市来）の西郷情報に信頼性を付すものと思われる」などとは言えない。

家近は近著（二〇一七）で、「甘かった見通し」という小見出しのもとに、坂野の「西郷の戦略的見通し」とほぼ同様に次のように書いている。

「西郷個人がどこまで戦闘意欲に満ち溢れていたか判断しがたい面があるが、彼が十分に勝利を収めうるとの見通しの下に立ち上がったであろうことはほぼ間違いなかろう。ただ、その見通しはきわめて甘かったと評さざるをえない。…。

二月九日、西郷と島津久光の決起への参加を阻止すべく、説得のために派遣された勅使柳原前光を乗せた高雄丸が鹿児島に入港する。そして、この艦船には、副使格として黒田清隆と海軍大輔の川村純義ならびに内務少輔の林友幸の両名が同乗していた。

ついで川村と船中で面会した大山県令の報告に対し、西郷が発した言葉が『丁丑擾乱記』に収録されている。それは、大山が川村をだまして、自分たちの味方につけたとの報告に対する西郷の発言であった。すなわち西郷は、大山発言を受けて、川村が味方につく可能性が四、五十パーセントあること、熊本には鎮台参謀長の樺山資紀がいるので、西郷軍が熊本県境に進軍すれば、鎮台兵のうち、一、二大隊は味方となるだろうといった見通しを語ったものであった。」[14]

ここで家近は、「西郷は、大山発言を受けて、川村が味方につく可能性が四、五十パーセントあること、…といった見通しを語った」と書いているが、この西郷の弁は市来が大山から聞いたもので、それも、先に坂野の『記』からの引用について述べたように、市来自身が「大山・淵辺等の言はみな軍略上の言ならん。今にしては笑うべしといえども、当時の形況はこれに類した説が多かりき」と括弧書きを入れているものである。

市来がここで「当時の形況はこれに類した説が多かりき」と書いているように、実際に当時、私学校生徒や鹿児島士族の間では、盛んに川村や樺山の寝返りが噂になり、期待されてもいた。特に、海軍がなく艦船もない薩軍にとって、川村の寝返りはとりわけ重要であった。期待が事実であるかのような話になって伝えられていくことはよくあることだ。

市来が大山から聞いた話として書いているようなことを、西郷が実際に大山に話したり、また、そういったことを、西郷自身が実際に期待したりしたのだろうか。西郷自身、国から授かった職務を簡単になげうって寝返るような人物を好んだり信頼したりするはずはない。川村や樺山は西郷の配下のもとで成長し出世もした人間だ。そのような彼らに対して、西郷が寝返りを期待したり、右のようなことを口にしたりするものだろうか。

坂野（二〇〇七）は、

「もし時の海軍次官川村純義や熊本鎮台参謀長〔鎮台司令長官に次ぐ地位〕の樺山資紀が、隆盛と同じように信義に厚い人物だったらば、あるいは西郷軍が勝ったかも知れない。」

また、

「西郷や桐野が熊本城に近づけば、城内の歩兵三大隊を率いる樺山が西郷側に寝返る可能性はもっと高かったと思われる。幕末激動の時代以後の彼の行動から考えて、西郷自身が川村や樺山の地位にあったら、おそらくみずから軍艦や鎮台兵を率いて、西郷の救援に駆けつけたであろう。」[15]

などと言う。

西郷も、また川村も樺山も、後世の史学者からはずいぶん軽く見られたものだ。「信義に厚い人物」が、そんなに簡単に国や天皇から授けられている職務をなげうって寝返ったりするものだろうか。川村や樺山が、西郷から受けた恩顧の桎梏（しっこく）に悩んだことは十分に想定できるが、実際に寝返るような兆候を見せた痕跡などはどこにもない。

次節で論証するように、西郷ら自身は初めから戦争するつもりで立ち上ったのではない。すなわち、坂野が言うように西郷が「戦略的見通し」を持って立ち上がったのでも、また、家近が言うように「十分に勝利をおさめうるとの見通しの下に立ち上がった」のでもない。

しかし西郷は、後世の史学者の彼らからはそのように見られて、結果は「シナリオにもまったく根拠がなかったわけではない」とか「その見通しはきわめて甘かったと」などと評価される。

歴史上の西郷・川村・樺山らは戦場で互いに生死と名誉をかけて戦っている。一方のわれわれは机上でペンを走らせているに過ぎない。坂野や家近は史学者としては、歴史上の人物の信義やその行為について、いささか安直にペンを走らせ過ぎてはいないか。

なお、右で家近は、

「二月九日、西郷と島津久光の決起への参加を阻止すべく、説得のために派遣された勅使柳原前光を乗せた高雄丸が鹿児島に入港する。そして、この艦船には、副使格として黒田清隆と海軍大輔の川村純義ならびに内務少輔の林友幸の両名が同乗していた。」

と書いているが、これは、二月九日の川村・林らの鹿児島来航と、三月八日の勅使柳原前光と黒田清隆らの鹿児島来航を混同した間違いである。彼らの来航は、開戦を前後に挟んで一ヵ月も隔った別の日である。また、その目的も違う。

家近は「西郷と島津久光の決起への参加を阻止すべく」と言うが、二人が同じく決起するような動きがあったのだろうか。市来の『記』によると、先にも引いたように、

「当時県内の士族は両派に分かれ、ようやく仇視する勢いとなれり。島津家に属する者は、臣道を守の一途にして言行ともに温順、私学校員は兇暴、」

などとある。これからしても、その「両派」が同時的に決起するようなことは考えにくい。また実際、そういったことが起こりそうであった形跡もない。

また、家近は川村・林らの鹿児島来航を二月九日としていて、それはそれで正しいのだが、家近が信頼性を保証した市来の『丁丑擾乱記』は、川村・林らの搭乗した高雄丸の鹿児島来航を、家近自身が引用している「川村が味方につく可能性が四、五十パーセント」云々の記述のある二月十一日の条に、この日のこととして記載しているのだが、それを家近はどう読んでいるのだろうか。

この家近の近著『西郷隆盛―人を相手にせず、天を相手にせよ―』（二〇一七）については、申し

上げにくいが、いささか厳しいことを言わざるを得ない。史学者による西郷隆盛に関する最近の本格的な大部の書であり、本書でも各所で取り上げ、史料の扱い方や解読の間違いを指摘した。

本書で指摘したもの以外でも間違いが多い。西郷の体調不良やストレスによる政治行動への影響を仮説に置いているため、無理な臆断も少なくない。またこの書は、表題にも表れているように、筆者が批判する一次史料と二次史料（副題は旧庄内藩士たちによって明治二三年に編纂された『南洲翁遺訓』にある言葉）のないまぜの代表的な事例でもある。本文の各所でも、一次史料と二次史料を同等かつ適宜に混ぜ合わせて、推論や論証を行っている。

ところが、この書は出版当初、専門家によって高く評価されている。たとえば、教授の肩書を持つ二人の評者が、二つの全国紙の新聞紙上の書評で、それぞれ次のように評している。

一つは

「著者は幕末・維新史研究の第一人者で、…、西郷自身が残した書簡を深く読み込み、…。叙述は明晰で、決定版的な内容である。…。西郷が執拗に朝鮮使節を志願したのは、体調不良と異常な精神状態によるところが大きかったという指摘には、刮目させられる。…。」

であり、もう一つは、

「本書は幕末史研究の泰斗が満を持して著した待望の評伝である。…。一次史料から徹底的に西郷の実像を炙（あぶ）り出そうとする歴史家としての力量は圧巻である。…。史料に密着してその経緯と歴史的意義が論じられており、現時点の学界の水準が示されている。本書をひもとけば、安易な史観の振りかざしに堕さない歴史学の醍醐味を味わうことができるだろう。…。」

である。

どちらも、著者の史料の読み方を高く評価しているのだが、評者はその「書簡」や「一次史料」を実際に読んで、右のように評しているのだろうか。

評者の一人はこの著書をもって「現時点の学界の水準が示されている」とも言う。しかし、このような安直な評論が簡単になされることがまた、この「学界の水準」を今のようなものにしている一つの要因になっているのではないか。

## 三　西郷と当事者が語る史料

西南戦争に至る経緯については、宮地正人『幕末維新変革史（下）』（二〇一二）に簡明に書かれているのでそれを使わせてもらう。次のようである。

「熊本・秋月・萩での士族反乱はとりあえず鎮圧したものの、それで全国士族四〇万の秩禄廃止措置への憤懣を解消させられるわけではなく、なによりも中央政府の方針と威令から半ば独立的な立場を取りつづけ、地租改正事業にも本格的にとりくもうとはせず、軍事的にも介入を許さない鹿児島県をそのままに放置した状態では、今後も他府県士族への影響も含め何が起こるか予測不可能だったのである。また主権国家としては是が非でも軍事力を完全にかつ排他的に掌握しなければならない。

明治一〇年一月、政府が鹿児島にある陸軍火薬庫並びに海軍造船所を引き揚げようとした措置は、客観的には廃藩置県以降の中央政府対鹿児島県の微妙な関係を大きく改変することを意味した。この措置に怒った私学校の生徒たちは一月三〇日両所を占拠し、二月三日鹿児島に赴いていた中原尚雄警部ら二一名を捕え、政府の密旨を受けひそかに西郷隆盛を刺殺しようとした旨を自白させ、同月一三日県令大山綱良は、『政府へ尋問の筋有之（ありこれ）』と、西郷隆盛が兵を率いて出兵する旨を届出、一五日、西郷は一万五〇〇〇の鹿児島士族を伴い鹿児島を出発した。西南戦争がここに勃発する。」[16]

これにもあるように、西郷らは私学校生徒を中心に薩軍を編成して決起し、二月十五日に鹿児島を出発して西南戦争に突入したとするのが一般的である。しかし、西郷らとしては、初めから戦争するつもりで鹿児島を出発したわけではない。

本隊が出発する日、次の訓令が発せられている。

「この出兵たるやほかなし、政府の非を矯問（きょうもん）せんとするなり。軍律あることなし。ただ、酒を禁ず。もし酒を飲んで酗（く）する者は軍法に処す。」[17]

この訓令では、必ずしも挙兵したとは言えないであろう。「この出兵たるやほかなし、政府の非を矯問せんとするなり」とある。戦争のための挙兵なら、もっと明確にそのための大義名分を掲げて檄を飛ばしていただろう。

実際、その「出兵」の仕方も、戦争を仕掛けるようなものではなかった。「政府に尋問の筋これあり」を掲げて、順次、雪の陸路を一万数千の兵隊がそれこそ陸続と行進して行った。「出兵」というのは確かに、戦争をするためだけとは限らない。兵威をもって相手方を威圧するための「出兵」もある。

二月十四日の先鋒隊の出発に引き続き、十五日には一番大隊と二番大隊、十六日には三番大隊と四番大隊、そして十七日には西郷も、五番大隊や大砲隊とともに桐野利秋・村田新八らと鹿児島の城下をあとにする。西郷らの狙いは、兵威をもってする抗議の大デモンストレーションであったのかもしれない。

もとから戦争するつもりなら当然、戦略を立てていたであろうが、それらしきものを持っていたとも思えない。[18]また、この時代、西郷らとしても、海軍や艦船なしに政府軍と互角に戦えるとは思っていなかったであろう。薩摩藩は幕末以来、いち早く大型輸送船や軍艦を保有して、中央政局に乗り出して行った。その中心で働いた一人が西郷であり、また、鳥羽伏見の戦いに始まる戊辰戦争でも、西郷は海軍と軍艦の威力を敵方のものも含めて熟知していた。明治になって海軍のトップに勝海舟を据え、その下に川村純義を配したのも西郷であった。

決起前の二月六日の私学校での作戦会議では、海路長崎に進出し軍艦を奪って上京する案や三方面分進案なども挙がっていた。しかし、それらは簡単に退けられ、もとからあった全軍一斉陸路東上案が採択されている。

それらからして、多くの史学者が西郷のこのときの決起を「挙兵」としているのは、用語としては必ずしも適切ではない。もっとも、それは、西郷や薩軍側に立って見た場合のことであって、大砲隊などを含む重装備の大軍が鹿児島を進発して、その数日後には開戦になっているのだから、西郷が挙兵したと見られて何の不思議もない。

しかし、ここでは、西郷らがもともとどのような考えや企図をもって「政府に尋問の筋これあり」を掲げて進発したのか、そのところをもう少し掘り下げておきたい。

西郷は鹿児島を出発する前日十六日に鹿児島県大属の今籐宏(いまふじ)に次のような書簡を送っている。

「先刻お引合せになった肥後(熊本)鎮台へ掛け合いの一条、県庁の間違いにて掛け合いしたことがわかり、早々お取消ししていただくよう頼みます。いよいよ掛け合いになれば、その旨お知らせください。その辺、またまた間違っては、先鋒の兵隊がどのような事変に及ぶかもわからず、念のためまたまた申しておきます。」

西郷は「先鋒の兵隊がどのような事変に及ぶかもわからず」として、熊本鎮台に送った通達の取り消しを求めている。その通達というのは、「熊本鎮台司令長官」に「陸軍大将西郷隆盛」名で「明治十年二月十五日」付で発送された次のものである。

「拙者儀、今般政府へ尋問の廉(かど)これあり、明後十七日県下発程、陸軍少将桐野利秋・陸軍少将篠原国幹および旧兵隊の者ども随行いたすので、その台（熊本鎮台）通行の節は、兵隊整列指揮を受けられるべく、この段、照会に及ぶものなり。」

西郷が知らないところで右のような通達が発送されたようで、西郷がそれを至急取り消すよう県庁に求めている。鎮台に対して、自分たちが「通行の節は、兵隊整列指揮を受けられるべく」とする指令を出したりすると、「先鋒の兵隊がどのような事変に及ぶかもわから」ないと心配しているのである。

この通達の取り消しについては、西郷は是非にもきちんとしておきたかったらしく、同日十六日付で県令の大山にも、

「先刻お伝えしておいた熊本鎮台へのお掛合いは差し出してもらったでしょうか。念のためお尋ねしますので、お知らせ下されたくお願いします。」

と書き送っている。県庁側が勝手にやったことで、大山の独断による公算が大きい。

このことから、西郷らは、熊本で鎮台兵と衝突を起こすようなことはしたくなかったことがわかる。上京のために、ただそこを「通行」しようとしていただけのようである。

しかし、この通達は、結局は十九日に鎮台に届き、西郷の心配した通り鎮台側の強い反発を買うものとなる。『熊本鎮台戦闘日記　二』（一八八二）の二月十九日の条によると、鹿児島県庁からの「専使」が来台し、それに樺山資紀参謀長が応接して、

「兵器を携え国憲を犯し、強いて城下を通行せんと欲するものは悉く兵力をもって鎮圧すべき

ことを告諭して、それを持ち帰らせ報告せしめた。」[19]

とある。

また、西郷らが熊本をただ通過するつもりであったことは、大山綱良の捕縛後の口供書に次のようにあることからも推察がつく。大山は西郷が出発した二月十七日の早朝、西郷と面談したときのことを、

「二月十七日の暁、自分が私学校本局へ参り、中原らをいかに処分するべきかと西郷に相談したところ、いずれ二月下旬か三月上旬までに大坂に達すべきつもりなり、そうすれば同所よりどうするか通知をするから、それまでは保護しておいてほしいとのことで、自分も承諾し県庁で彼らを保護した。」[20]

と語っている。西郷は鹿児島を出発して十日か二十日ほどで、大坂に着くつもりでいたことになる。つまりは、熊本で戦闘を起こすような気はなかったことになる。

しかし、一方の政府側としては、「政府に尋問の筋これあり」を掲げて重装備の大軍が上京してくるのを、そのままに放置しておけるはずがない。むしろ、薩軍が動き出せば、それを機会に、私学校党から成る薩軍をいっきに殲滅(せんめつ)するつもりであったと推察できる。事実、薩軍の先鋒隊が熊本県境を越えて日奈久(ひなぐ)(現・八代市)に入るや、それを待ち構えていたかのように、直ちに、太政大臣三条実美名による次の「鹿児島県暴徒征討令」が発令されている。

「鹿児島県暴徒ほしいままに兵器を携え、熊本県下へ乱入、国憲をはばからず、叛跡(はんせき)顕然につ

き、征討仰せ付けられた。」[21]

政府からすればそもそも、中央集権化した国家において、薩軍などといった中央の統率の効かない私設軍団の存在そのものが認められるものではない。しかも、それが「兵器を携え、熊本県下へ乱入」したのであるから、「国憲を」犯し「叛跡」は「顕然」としていることになる。

このころ政府随一の権力者であり内務卿でもあった大久保は、二月七日付の伊藤博文宛書簡で、私学校党生徒による弾薬庫襲撃事件の情報を得て、それに西郷自身はかかわっていないだろうとしつつも、次のように書いている。二月七日と言えば、川村純義海軍大輔が十二日に「とても鎮定なり難し」の電報を送ってくる五日前であり、薩軍の鹿児島進発の八日前になる。

「さりながらこの節の端緒よりして、もし干戈と相成れば名もなく義もなく、実に天下、後世、内外に対しても一辞柄をもって（ひとことの）言い訳も立たたざる次第、実に曲直分明。さすれば、正々堂々、その罪を鳴らし鼓を打ってこれを討てば、誰かこれを間然する（かれこれ非難する）ものがあるだろうか。ついてはこの節、事端をこの事に起きたことは、誠に朝廷不幸の幸と、ひそかに心中には笑いが生じているくらいです。」[22]

内務卿でもある大久保にすれば、鹿児島県は自身の出身県でありながら、中央政府の指示・指導に従わず、まるで独立国のように振る舞っているのであるから、その腹立たしさや苦悩は誰よりも大きかったであろう。文面には、この機会を失ってはならぬとする、大久保の感情の高ぶりと確固たる意思が表出している。

別府晋介率いる先鋒隊が二一日に川尻で鎮台の偵察隊と小競り合いをしたあと、二月二二日には本隊も続々と熊本城下に入っていよいよ本格的戦闘となり、ここに西南戦争の幕が切って落とされる。

この事態の報を受けて、鹿児島県令・大山綱良は二月二七日付で右大臣岩倉具視宛に次の届出書を差し出している。

「先般、陸軍大将西郷隆盛ほか上京の事件に付きお届けに及び置いた通り、各府県・鎮台へも通知致しましたところ、熊本鎮台は西郷発程の頃より県下へ放火し、鎮台により発銃に及んだに付き、西郷随行の者ども止むを得ず戦争に及んだ段、通知があったので、取り敢えずこの段お届けに及ぶものなり。」[23]

西郷からの通知によって、大山が届け出たのであろう。西郷らの「上京」については、政府や「各府県鎮台へも」届け出ておいたにもかかわらず、「鎮台により発銃に及んだので」、「止むを得ず戦争に及んだ段、通知があった」と伝えている。彼らとしては、率兵はしているものの、「上京」を政府や「各府県鎮台へも」届け出ており、戦争をするつもりではなかったことを伝えておきたかったのであろう。

このような認識は、西郷が自ら認めた三月五日付の征討総督・有栖川宮熾仁宛の次の書状で、よりはっきりする。この書状は、西郷が大山綱良名で征討総督に差し出してもらおうとしたもので、西郷が大山名義で書き上げたものだ。なぜ、自身の名で書かなかったのかよくはわからないが、鹿児島県令名で差し出す方が筋が通ると考えたのであろう。あるいは、西郷はすでに謀反人になっているため、自身の名で征討総督に書状を差し出すことができなかったのかもしれない。

「今般、陸軍大将西郷隆盛等政府へ尋問の次第これあり、出発しましたところ、熊本県は未然に庁下（城下）を焼き払い、あまつさえ、川尻駅まで鎮台兵を押し出し砲撃に及んだ故、ついに戦端を開く場合に立ち至りました。

しかるところ、九日には征討の厳令を下された由、畢竟、政府においては、隆盛等を暗殺すべき旨を官吏の者に命じ、事が成らない内に発露に及びました。この上は人民が激怒するのは理の当然でしょう。ただ激怒の形勢をもって征討の名を設けられては、まったく征討を成さんがために暗殺を企て、人民を激怒なさしめて罪に陥れる姦謀であって、ますます政府は罪を重ねることになりませんか。

恐れながら、天子征討を私するものに陥り、千歳の遺憾このことと存じます。特に、万国に対してどのような名義が立ちましょうや。たとえ政府において、当県の人民は誅鋤（殺され）し尽されても、必ず天地の罪人たるには疑いなく、まず政府首謀の罪根を糺され、その上で県下の人民に暴激の挙動があれば、いかようにも厳罰に処せられればよいことと存じます。

このときに当たり閣下、天子のご親戚にあらせられながら、ご失徳に立ち至らざるよう、ご心力を尽されるべきところ、却って征討将軍としてご発駕なられている儀、何とも意外千万の仕合にございます。ついては、天に仕える心をもってよくご熟慮あらせられ、ご後悔なきよう偏（ひとえ）に企望奉ります。…。

大山綱良

征討将軍宮様

24

筆者は、初めこの書状を読んだとき、ほんとうに西郷が書いたものかどうか疑念を持った。そのわけは、かつて辞職願を出したはずの本官名「陸軍大将西郷隆盛」を冒頭に自ら堂々と使っていること、また、正確には「征討総督」とすべきところを「征討将軍」としていること（ただし、西郷は「征討総督」が正式名称であることを知らなかったのかもしれない）、本来なら差出人として「鹿児島県令」の肩書を付けるべきはずのところを、それ無しの「大山綱良」としていること、それに、単純ミスではあろうが、征討令の出た十九日を、まだ鹿児島を「出発」もしていない「九日」に間違っていること、それに自分の暗殺の件について、いささかくどくどと書いていること、などのためである。西郷らしくないと思ったのである。

しかし、『大西郷全集』第二巻にこの書状の現物写真が西郷自筆のものとして掲載されているのを見て、実際に西郷が書いたものであることを知った。となると、むしろこの書状は、西郷のこの戦争に対する心情を率直に表しているものではないかと思うようにもなった。いずれにしろ、この書状は西郷自身がこの戦争について書いた最も重要な史料ということになろう。

さて、書状の解釈に移ろう。

冒頭、「陸軍大将西郷隆盛」と書いているのは、やはり自分が天皇から命を受けている陸軍大将であることを言いたかったのであろうか。続く「政府へ尋問の次第これあり、出発しました」のところでは、熊本鎮台が戦闘態勢を取り「砲撃」してきたため、やむなく「戦端を開く場合に立ち至」ったとして、自分たちに戦争をする気はなかったことを書いている。西郷の一番に訴えておきたかったことのようだ。先に大山が岩倉に送った届出書と完全に一致する。単に自己弁護や策略上で言っていることではないようだ。

次に、「征討を成さんがために暗殺を企て、人民を激怒なさしめて罪に陥れる姦謀」と書いているところからは、西郷は、政府が自分たちを「罪に陥れる姦謀」を謀ったと認識していることがわかる。また、「隆盛等を暗殺すべき旨を官吏の者に命じ」それが「発露に及んで」、「人民が激怒するのは理の当然でしょう」と書いているところからは、それが理由になって、自分たちは「政府へ尋問の筋これあり」として「出発」したと言っているようだ。

また、後段の「必ず天地の罪人がいることに疑いはなく、まず政府首謀の罪根を糺(ただ)され」などからして、その「天地の罪人」が具体的には大久保利通・川路利良を指すのは明らかだ。すなわち、西郷らが掲げた「政府に尋問の筋」というのは、具体的には「政府首謀」の張本人の大久保の「罪根を糺」すことにあったと見てよいことになろう。

しかし、西郷ともあろう人物が自身への暗殺嫌疑をもって、大軍の兵を動かすなどといったことは、普通考えにくいことだ。当時、政治指導者や権力者が暗殺の対象になるのは少しも珍しいことではなかった。西郷と同時代人でも、岩倉具視・大久保利通・板垣退助・大隈重信・伊藤博文らが刺客に襲われ、実際、岩倉や大隈は九死に一生を得、大久保は殺され、伊藤も少し後になるが殺されている。それに、かつては西郷自身、藩主島津斉彬の奸臣の暗殺を謀ったこともある。

それに、西郷は元来、兵を動かすことには慎重で、二年足らず前の八年十月、朝鮮の江華島事件の際に篠原国幹に送った書簡では、

「彼（朝鮮）の底意も判然とすれば、その上は、大臣の中から誰かを派遣し、道理を尽くした上で戦いを決めるならば、理にかなって戦うことになり、……。」

とも書いている。これからすれば、「政府へ尋問の筋」があるのなら、まずは誰かを中央に送って、訴え出るなり談判させるのが理にかなうことになる。いきなり、一万を越す兵を動かすことにはならない。

いずれにしろ、西郷がいかに言おうと、書状で言う「出発」の論理はほとんど誰にも理解されるものではなかった。西郷がこの書状を認める以前に、征討総督・有栖川宮熾仁親王はすでに二月二八日付で九州諸県に対し、今回の征討の理由を次のように布告している。

「彼ら（西郷ら）以下自らその名なきを悪み、東京巡査その他帰県した者数十名を縛し、負わし

めるに無根の偽名をもってし、強いて名義を設け、檄を全国に伝え、恣に兵器を携帯し、…。」[25]

征討総督は、西郷らが掲げている「政府へ尋問の筋これあり」は、「自らその名なきを悪み」暗殺疑惑を「強いて名義」にした「無根の偽名」だと断じている。また、西郷らが「政府へ尋問の筋これあり」云々を各府県鎮台に通達したことは、ここではむしろ、「檄を全国に伝え」たと捉えられたようである。

そしてこの名分問題は、政府側から右のように発せられたばかりではない。九州一円で西郷の決起に呼応して立ち上がった諸隊でも、西郷の決起に名分が薄弱なことを問題にしていたところが少なくない。

熊本学校党を率いた「熊本隊」の池辺吉十郎は、「西郷は徒に刺客のことをもって名と成す。我が党がこれに従う謂れはないと云えども、この老雄にして事を挙げたるは天下の大機会なり。…。(我が党は)別に一旗幟を立て、禁闕保護を旨とし、薩軍と提携して事に従うべし。」として、千三百余人の同志を集め、「皇統無窮、奸臣除去、国運挽回、外夷統馭」を旗印にして挙兵する。[26]

また、熊本の民権党を率いる平川惟一や宮崎八郎も同様に、西郷らの決起には名分がないとしつつも、「西郷に拠らざれば政府を打倒する道なく」云々として、熊本協同隊を立ち上げ戦場に駆けつける。[27]

明治六年の西郷の朝鮮遣使の際には同志であった板垣退助もまた、この戦争については、開戦後少したってのことであるが、十年六月二十日付の東京曙新聞紙上で、

「今回の挙たるや、大義を失い名分を誤り、実に賊中の賊なる者にして、前の江藤、前原が輩より数等の下級に位せり、…。わずかに自己の私憤を発洩せんとして人を損じ、財を費やし、しこうして逆賊の臭名を万載に流すとはああ何の心ぞや。」

と論難している。

板垣も、西郷らが最初から戦争のために挙兵したと見て、それに名分がないことをもって「実に賊中の賊なる者」と断じている。板垣がこれを寄稿した六月二十日と言えば、すでに勝敗の帰趨は明白ななか、西郷らはなお、各地を戦禍に巻き込みながら戦闘を繰り広げていたころである。その惨状と無益に、板垣も已むに已まれぬ気持で、この激しい舌鋒となったのであろう。

ところで、「征討将軍」宛の書状で西郷は、天皇が下した「鹿児島県暴徒征討令」に対して、

「恐れながら、天子征討を私するものに陥り、千歳の遺憾このことと存じます。」

と書いて、天皇を難じるようなことを書いている。また、征討総督・有栖川宮熾仁に対しても、

「閣下、天子のご親戚にあらせられながら、ご失徳に立ち至らざるよう、ご心力を尽されるべきところ、…、天に仕える心をもってよくご熟慮あらせられ、ご後悔なきよう偏に企望奉ります。」

とも言う。こういった言葉は、このときの西郷を置いて、他の誰に発せられるものではない。この書状の差出人になっている大山綱良にしてもその例外ではない。その点で、大山がこの書状を実際に征討総督に差し出すことができたかどうかは、はなはだ疑わしい。『大西郷全集』第二巻は「大山家所蔵」として、この書状と大山への依頼状の現物写真をその口絵に載せている。この書状そのものは大山綱良の手もとにのこったようである。

西郷はまた書状で、

「千歳の遺憾このことと存じます。特に、万国に対してどのような名義が立ちましょうや。」

と書いているが、この「万国」が諸外国を指すなら、これはあまり的(まと)を射た抗議になっていない。というのは、実際に日本に駐在公使を置くどの国からも、西郷が思うような抗議や意見は出ていないからだ。むしろ、西郷が言うのとは逆に、英国公使ハリー・パークスなどは西郷軍の決起について、二月二七日付の本国ダービー外相宛の報告書で次のように書いている。

「西郷とその共謀者は、自分たちの手段に合法性の外観を与えるべく、自分たちは御門(天皇)の将軍として行動しているのであり、大部隊を率いて鹿児島から進軍する目的は政府を尋問することであると宣言しているが、これは納得しがたいばかりでなく奇異である。」[28]

かつて、西郷と慶応二年には友好的に会見したパークスでさえ、政府側の措置に何ら疑いを持つことなく、むしろ、西郷側の行動を、「納得しがたいばかりでなく奇異である」とまで書いている。

すでに見たように、日本国内においても誰もが、西郷らが大軍を率いて鹿児島を進発した時点で、西郷らは挙兵したと見ている。西郷らが掲げた「政府に尋問の筋これあり」が、単に上京のための名目であるなどと理解した者はほとんどいない。西郷らがいかに自分たちに戦争をする気はなかったと訴えても、誰に理解されるものでもなかった。西郷らが大軍の兵を進発させた時点で、戦争になることはほとんど必然であったのである。

そうしたことがどうして、今も日本国の陸軍大将や陸軍少将を名乗る西郷らにわからなかったのだろうか、むしろ、その方が不思議なぐらいである。鹿児島にもどって郷党集団をつくり、その狭い閉鎖社会のなかで誰もが視界を著しく狭め、自分たちの正義以外のものが見えなくなっていたのだろうか。

しかし考えてみると、この決起は、西郷が明治六年に帰郷してその地に政府に反感を持つ一大郷党集団をつくったときに、ほぼ運命付けられていたように思える。近い前例に、前参議の江藤新平が帰郷して起こした佐賀の乱や、同じく元参議の前原一誠が郷土で起こした萩の乱がある。政府に反発して帰郷した元参議は、西郷を含めて、誰もが結局はその郷土で決起して反乱を起こしたことになる。

西郷が帰郷してつくった郷党集団は、江藤や前原のものよりはるかにに大きく、かつ、もとから銃隊学校や砲隊学校などで教練を受けた者たちを中心に置く軍事集団であった。いったん出来上がった軍事集団を、その軍事力を行使することなく解体することは至難の業（わざ）である。西郷は常々、「因循」（従前にしたがうばかりで決断力に欠けること）を戒め、「戦の一字を恐れてはならぬ」と唱導してもいた。

西郷は前掲の書状を征討総督に差し出してくれるよう大山に依頼したあと、三月十二日にも大山に書簡を送り次のように書いている。

「畢竟、敵方においては、熊本が落城するようなことになれば、各県で蜂起する事態になるので全力を熊本に尽し、猶この事が破れればもう致し方なく、これを切りに他の策を立てない儀、確かに聞きました。すなわち相手の策に乗ってこの籠城を餌にし、四方からの寄せ手を打ち破れば、ここで勝敗が決することになります。

地の形と言い人気と言い、そのところを得ていますので、我が兵ももっぱらここに力を尽くしているところで、すでに戦いも峠を越え六・七分のところに来ています。今や、孟賁（古代中国の猛将）であっても再び戦勢を盛り返す機会はありまじく、よほど敵の兵気もくじけ、…。」

西郷がこの書簡を書いた三月十二日のころは、田原坂ではまだ、敵方の「寄せ手」とのあいだで一進一退の激戦を続けていたが、この時点でも、戦況はとても「敵方は方策も尽き果てて調和の論に落ちたのでしょうか」や、相手方が「再び戦勢を盛り返す機会はありまじく」などと言えるものではなかった。開戦して十日あまりですでに、副将で一番大隊長の篠原国幹と一番大隊・小隊長で弟の西郷小兵衛を失っていた。西郷の落胆は大きかったに違いない。三月二十日には政府軍に田原坂を突破され薩軍は南に後退している。

西郷も、戦争のただなかにあって、強気の姿勢を崩すわけにはいかなかったのであろう。それでも、この書簡の終わりには、

「最初より、我等においては勝敗をもって論じるわけではなく、もともと一つ条理に斃れる見込みのことですので、よくよくその辺はお汲み取り下さるようひとえに希望致します。」

と書いている。これが西郷の鹿児島出発時からの、一方にある本音であったのではないか。

四月十四日には官軍（政府軍）側が熊本城開通に成功し、西郷軍は熊本からの撤退を余儀なくされる。そのとき、西郷はさすがにこの退却には反対で、野村忍助の獄中証言（『西南之役懲役人質問』）によると、

「西郷は二本木（現・熊本市西区）にあり、人々（西郷に）引き上げのことを勧めたが、西郷曰く、この地を去れば、人気（じんき）も散乱せん。快く一戦して死を決すべしと。」[29]

述べたとある。

しかしそれも、結局は周囲の者に押し留められ、城下から東方十キロほどの木山（現・益城町）に退却する。しかし、やはりこのときが、西郷の言う通り「死を決すべし」ときであった。また、初心の通り「一つ条理に斃れる見込み」の実行のときでもあった。「政府に尋問の筋これあり」と掲げて率兵上京の途に就きながら、熊本で開戦となり、その熊本から一歩も東上できなくなった段階で、「尋問」の道は閉ざされ、戦争の勝敗もほぼ決していたからだ。

このころ、京都で病床に就いていた木戸孝允が四月二四日の日記に次のように書いている。

「実に今度の戦争は、双方でほとんど二万に近い死傷者があり。…、人民の疾苦艱難、実に堪えざるなり。しかし、そのもとを考えれば、西郷隆盛ほか数人を大久保利通・川路利良らが暗殺する云々の一事に過ぎない。

そのため西郷らが大兵を率い、武器を携え干戈を起こし、国家の大憲を犯したにつき、止むを得ずこれを糺すため大典を挙行したが、もし、彼らを一席にして互いに詰問し合えば、事は数人のあいだに留まり、事実無根と判明したときは、たちまち互いに了解し、人民がこのような惨害をこうむることはなかった。実に嘆かわしいことだ。」

「彼らを一席にして互いに詰問し合えば、…、たちまち互いに了解し」云々になるとはとても思えないが、木戸はこの戦争を薩摩の兄弟げんかのように見ていたことになる。もしそうであれば、それは、かつて西郷が忌み嫌った「私戦」の、それも最も低劣な部類に属するものになる。およそ、国家の指導者たちのやることではない。なお、木戸はこのあと一ヵ月ほどして、五月二六日に息を引き取っている。

熊本を退却したあとはもう、西郷らは潰走に継ぐ潰走を続けるばかりであった。死傷者が増え投降者や逃亡者も続出する。兵員数は激減する一方、武器弾薬は欠乏し、食料も不足して、多くの部隊で一日一食といった状況にもなる。西郷は八月六日には各隊長宛に、

「各隊尽力の故をもって、すでに半年の戦争に及んでいる。勝算目前に相見える折柄、遂に兵気相衰え、終に窮迫余地なきに至った儀は遺憾の至りである。兵の多寡強弱においては差違なく、一歩たりとも進んで斃れ尽くし、後世に醜辱を残さないようご教示下さるよう。」

とする回文を送っている。

「勝算目前に相見える折柄、遂に兵気相衰え」や「兵の多寡強弱においては差違なく、一歩たりとも進んで斃れ尽くし」などと、文章にも混乱が見られる。要するに、「後世に醜辱を残さ」ぬよう「斃れ尽く」せと命じているのである。

つづいて八月十六日には、全軍に次の告諭を発している。

「我が軍の窮迫、ここに至る。今日の策は、ただ一死を奮いて決戦するあるのみ。この際、諸隊にして、降らんと欲するものは降り、死せんと欲する者は死し、士の卒となり、卒の士となる、ただ、その欲する所に任せん。」[30]

この告諭をもって西郷の「解軍宣言」や「全軍の解散宣言書」などと称する史家が多いが、これはそのように呼べるものではない。確かに、降伏したい者は降伏してよいと告げているが、降伏して士分の者が卒（卒族：最下級武士、小者）になるのも、死んで卒の者が士分になるのも自由だとして、やはり降伏を恥ずべきものとしている。むしろこれは、最後に至って、「一死を奮いて決戦」に臨む者を篩にかけているようなものである。

解隊宣言ならこの戦争でも、熊本協同隊の「主幹」（隊長）の崎村常雄が、御船での政府背面軍との戦いでの敗北後、四月上旬に発した次の告諭がある。この御船での戦いでは、熊本協同隊の宮崎八郎そして薩軍三番大隊長の永山弥一郎らが戦死している。

「（前略）勝敗の行方はすでに定まる。悲しむべし。…。ここに至りて、…、帰りて、その父母妻子に対する義務を尽くすもまた、人生の大任を尽くす所以なるを思えば、余は、諸君の身体を自由にせんことを切望せざるを得ず。

余は宣言する。吾人とともに勝算なき戦闘を継続せんと欲する者は留まれ。父母妻子に対する任務を全うせんと欲する者は去れ。余は本隊に代わりて、その旅費と相当の手当てを給すべし。…。」[31]

兵士の心情を慮った、これこそまさしく解隊宣言と言えるものだ。

崎村ら自身はこのあと、なお「勝算なき戦闘を継続」して、右の西郷の告諭を受け直ちに、翌八月十七日には官軍出張長官に次の降伏陳述書を差し出している。

「僕ら今般、官兵に抗する所以のものは、大義信じるところありて然り。しこうして終に、今日の極に至り、食竭き矢尽きる。もとより刀槍のあるをもって、一戦はなお快しとすべしといえども、互いに無益の死傷、僕ら心になすに忍びず。…、僕らの素懐を述べ、しこうして後、斧鉞(ふえつ)(おの・まさかり)を受けん。貴官これを察せよ。」[32]

これまた見事な降伏陳述書である。先の告諭といい、この陳述書といい、実に胸を打つ。崎村常雄はこの書を差し出したあと直ちに収監されるが、もともと病体を押して戦場に出ていたこともあって、間もなく死亡する。享年三一である。

西郷はそもそも、自分は無論、薩軍の兵士についてもまた、ここに至ってなお生き残ることの意味を認めていない。武士の職分として、また戦場に出た戦士として、戦場で闘死することこそ戦士の本懐と心得ているのである。もっとも、同日、西郷は傷病兵と従軍してきた医師の全員に残留を命じ、病院にいた息子菊次郎や村田新八の次男・二蔵らにも政府軍への降伏を命じている。

官軍総司令官の山県有朋は、城山に立て籠もる西郷軍を完全包囲したなか、九月二三日に総攻撃の最後通牒を発するが、その際、西郷に書簡を送ったようだ。熊本城開通直後に書いたものだが、そのときはうまく届けられなかったものである。そのため、その末尾には「明治十年四月二十三日、熊本においてより」とある。かなり長文のもので、その一部を抜粋する。

「…。ひそかに有朋が見る所をもってすれば、今日のこと、勢いの止むを得ざるによるなり。君の素志にあらざるなり。有朋よくこれを知る。…。

今日、薩軍の公布する所を見るに、罪を一二の官吏に問わんと欲するに過ぎず。これ果たして

挙兵の名義に適せりと言えようか。（中略）

ここにおいてか、その事の非なるを知って、壮士に奉戴せられたにあらざるや。しからばすなわち、今日のことたる、君はけだし初めより、一死をもって壮士に与えんと期したにほかならず…。

交戦以来すでに数月を過ぐ。両軍の死傷する、日に数百。朋友殺し合い、骨肉あい食む。人情の忍ぶべからず所を忍ぶや、いまだ、この戦いより甚だしかったものはない。（中略）

願わくは、君早く自らを謀り、一はこの挙が君の素志にあらざるを証し、一は彼我の死傷を明日に救うの計を成せよ。…。

想うに、君の心事を知る者も、また独り有朋のみにあらず。何ぞ、公論の他年に定まるところを慮らんや。故旧の情において、有朋切にこれを君に冀望せざるを得ず。君幸いに、少しく有朋が情懐の苦を明察せよ。涙を揮いてこれを草す。書、意を尽くすを得ず。」[33]

「今日のことは、…。君の素志にあらざるなり」と言い、また「非なるを知りつつも、壮士に奉戴せられた」、「君はきっと初めより、一死をもって壮士に与えんと…」と言う。こういう言い方は、山県に限らず、当時、多くの政府高官やその他の人たちがしたもので、後世の多くの歴史家たちもまたそれを引き継いでいる。

西郷は第一章一節でも引いたように、明治九年三月に内田政風に書いた書簡では、

「私ども素志においては、ただ国難に斃れるのみの覚悟でありますれば、別に思慮これなく、もちろん退去（六年の離京）の節、今日の弊害を醸し来ることは見据えていたこと」と「素志」を述べ、また、同年九月の副島種臣への返書では、

「時勢に当たっては、所見のあるところをもって十分相願うべきは人民の義務であれば、決して可否すべき道理もこれなく、仰いで将来の成り行きを観望しておるばかりです。」

と書いてもいる。

そして、同年十一月に書いた桂久武宛の書簡では、

「ひとたび動けば、天下驚くべきことをなすつもりで、含みまかりおる次第です。」

として、自ら決起の意思があることを伝えている。

西郷は明治六年十一月に帰郷して以来、郷里で配下の者や私学校生徒らに囲まれ、事あるごとにますます、政府への反発と敵愾心を募らせて行く。西郷が十年に起こした行動は、「非なるを知りつつ」や、ただ「壮士に奉戴せられた」などと言えるものではない。

また右の書簡で、山県は西郷らの「挙兵の名義」を問うて、「薩軍の公布する」それは、「罪を一二の官吏に問わんとするに過ぎず、これ果たして挙兵の名義に適せりと言えようか」と問い掛け、暗殺疑惑を「挙兵の名義」と見た上で、それを難じている。しかし、西郷らにとっては、暗殺疑惑は「政府へ尋問の筋これあり」を掲げて率兵上京するための名義であって、「挙兵の名義」ではなかった。

山県はまたその書簡で、「君早く自らを謀り」、「両軍の死傷する、日に数百。朋友殺し合い、骨

肉あい食む」戦いを早く止めさせよと言うが、山県がこれを書いたのは、日付にある四月二三日だ。その日から九月二四日の戦争終結まで実に五ヵ月間も、「彼我の死傷を明日に救うの計」をなせという訴えは宙に浮いたまま、西郷らは「政府へ尋問の筋これあり」も果たせなくなったあとの無益な戦争を、また、山県らも、西郷ただ一人を倒せば瓦解する薩軍を相手にそれができずに、ともに「両軍の死傷する、日に数百」、「いまだ、この戦いより甚だしかったものはない」という戦争を延々と続けたのである。

この戦争は西郷の戦争として、あるいは英雄たちが果敢に戦い潔く死んで行った戦争として語られることが多い。無論、それらが間違いということではないが、西郷がもとから内戦を起こそうとして鹿児島を進発したのではないことは、やはり等閑に付すべきではない。西郷らにすればむしろ、自分たちではなく政府側から仕掛けられた戦争だと思っていたようである。そして、それがまた、彼らにとって、最後の最後まで戦い続ける要因にもなったのではないか。戦争はしばしば、そういった算段違いや固執それに相手方との齟齬や理解不足によって起きながら、途中で止めることはできず、結局は最終局面に至るまで戦い続けることになる。

この戦争が日本の内戦としては最後のものになったが、後の対外戦争の戦争観や軍人観そして軍部の体質等に与えた影響は限りなく大きい。また、この戦争が、英雄にして明治の元勲・西郷隆盛の反逆の戦争となったため、後の思想家・活動家それに文学者たちが、「第二の維新」革命、反近代の戦争、国家観の激突などと、さまざまに語る源泉にもなっている。

この明治十年の内戦については、その経過・内容とともに、その原因や長く継続されることになったわけなど、日本の歴史学の名誉にかけて、是非にも総合的な観点から、客観的、実証的に叙述がなされておくべきである。史料は、西郷・薩軍側と政府・官軍側の双方、そして諸機関や民間においても相当多数のこっているようだ。

注

1 勝田孫弥『西郷隆盛伝』覆刻版（もとは一八九四年）、至言社、一九七六年、第五巻、一三〇―一三一頁。
2 『大西郷全集』第三巻、平凡社、一九二七年、八二七―八二八頁。
3 『西郷隆盛全集』月報3、大和書房、一九七八年、二五―二八頁、参照。
4 同上書、二八頁。
5 坂野潤治『西郷隆盛と明治維新』、講談社現代新書、二〇一三年、一八八―一九〇頁。
6 『鹿児島県史料　西南戦争』第一巻、一九七七年、八九二頁。
7 同上書、八九五頁。
8 同上書、八九四頁。
9 大塚虎之助『「唯今戦争始メ候」―電報に見る西南役―』、熊日情報文化センター刊、一九九一年、三二一―三二二頁。
10 前掲『鹿児島県史料　西南戦争』、八九三頁。
11 家近良樹『西郷隆盛と幕末維新の政局―体調不良問題から見た薩長同盟・征韓論政変―』、ミネルヴァ書房、二〇一一年、一五六―一五七頁。
12 同上書、一五九―一六四頁。
13 前掲『鹿児島県史料　西南戦争』、一〇一四―一〇一五頁。
14 家近良樹『西郷隆盛―人を相手にせず、天を相手にせよ―』、ミネルヴァ書房、二〇一七年、四九八頁。
15 坂野潤治『未完の明治維新』、筑摩書房、二〇〇七年、一七九頁と一八一―一八二頁。

16 宮地正人『幕末維新変革史』下、岩波出版、二〇一二年、三四六頁。
17 宮下満郎「鮫島甚七の『丁丑従軍記』、『敬天愛人』九号、一九九一年、一四八頁。
18 詳しくは川道麟太郎前著Cの第十一章三節を参照されたい。
19 『熊本鎮台戦闘日記』第一巻、覆刻版（もとは一八八二年）、東京大学出版会、一九七七年、一三頁。
20 『鹿児島県史料　西南戦争』第三巻、一九八〇年、一七〇―一七一頁。
21 『明治天皇紀』第四巻、吉川弘文館、一九六九年、七九頁。
22 『大久保利通文書』第七巻、東京大学出版会、四八八―四八九頁。
23 前掲、『鹿児島県史料　西南戦争』第一巻、一六頁。
24 『大西郷全集』第二巻、平凡社、一九二七年、九一三―九一五頁。
25 前掲『明治天皇紀』第四巻、九八頁。
26 佐々友房『戦袍日記』、青潮社、一九八六年、二五―二六頁および三六頁、参照。
27 猪飼隆明『西南戦争―戦争の大義と動員される民衆―』、吉川弘文館、二〇〇八年、七六―七七頁、参照。
28 萩原延寿『西南戦争：遠い崖―アーネスト・サトウ日記抄13』、朝日新聞社、二〇〇一年、七一頁。
29 前掲『鹿児島県史料　西南戦争』第三巻、六九四頁。
30 『西南記伝』中巻二、黒龍会本部、一九〇九年、五四二頁。
31 『西南記伝』下巻一、黒龍会本部、一九一一年、六二頁。
32 同上書、七四―七五頁。
33 徳富蘇峰『公爵山縣有朋伝』中、覆刻版（もとは一九三三年）、原書房、一九六九年、七四二―七四五頁。

# あとがき

筆者がここで批判したのは歴史学のごく一分野のことに過ぎないが、いささか惨憺(さんたん)たる思いがする。本書の表題が仰々しくかつ失敬なものになった所以(ゆえん)である。筆者としては、あまりに多くの歴史学者の論説を、歴史学の基本的要件において否定することになったため、自分の方がおかしいのではないかとさえ思うほどだ。

歴史学者はしばしば史料を騙(かた)り、それをもって西郷隆盛を騙り歴史を騙っている。西郷が明治六年のいわゆる「征韓論争」中の十月十五日の閣議に提出した「始末書」などという史料は実在していないにもかかわらず、それの代わりに十月十七日付の「出使始末書」と呼ばれる史料を転用して、西郷の朝鮮遣使論を騙り歴史を騙っているのがそれであり、また、木戸孝允が太政大臣三条実美の下問に応じて提出した「征台・征韓反対意見書」を明治六年八月の史料として使い、あるいは、『明治天皇紀』の明治六年十月二十日の条の虚偽の記述を史料にして、さまざまに論を展開しているのがそれに当たる。

無論この歴史部門でも、実によく研究をされている歴史学者は多い。筆者もここで批判を加えた方々の著書から多くを学んだ。しかし、こと史料の扱い方やそれへの態度といった点になると、どういうわけか、多くの歴史学者が共通に杜撰(ずさん)でいい加減である。筆者が批判するのはひとえにその一点である。本来、史料の扱い方やそれへの態度こそが、近代歴史学の要諦であり歴史学者の生命線であると思うからだ。そうでなければ、歴史学者も歴史作家も変わるところがない。

できれば、本書を歴史学を志す若い人たちに読んでほしいと思っている。やはり、歴史学をもっと客観性と信頼性の富むものにしなければならない。またできれば、本書を実にたくさんおられる歴史好きや市井の歴史研究家の方々に読んでいただきたい。歴史学を自由な眼で見、学者の世界を監視して、その発展を見守っていかなければならない。そうしないと、本書で見た歴史学の「斯界」も「〇〇村」になりかねない。すでにその兆候が現れている。

なお、本書では文献史料を中心に置いた歴史学のみを扱ってきたが、史料といっても文献史料に限るものではない。また、歴史学の方法は史料によるものだけでもないはずだ。そういった面では、歴史学はいまだ黎明期にあるように思われる。近年この分野でも、若い世代には、新たなアプローチで優れた研究をされている方が多い。日本の幕末維新史研究も、世界（史）のなかでドラスティックに発展していく可能性を秘めている。

最後に、多くの歴史学の先学たちを名指しで批判したことについてお詫びを申し上げる。学問上のこととしてご寛恕いただきたい。失敗や間違いは誰もがする。それらがわかれば正せばよい。それによって学問は発展する。筆者も本書で間違いや誤解をし、また言い過ぎているところがあるに違いない。ご批判を賜りたい。わかれば修正する。

もっとも、小生としてはこれをもって、批判の最後の仕事にしたい。何せこの種の仕事は疲れる。大学を退職以来十二年ほど、いくぶん専門からはずれた分野の仕事を、学問として変わるところはないと、いくらか意固地になってやってきた。小生も「後期高齢者」とかに達し、これ以上度がすぎると、それこそ「年寄りの冷や水」になりかねない。

この間、最初に上梓した本については批評家の立教大学教授（現・同大学名誉教授）・前田英樹氏に新聞紙上で過分の書評をいただき、また、三冊目については筑摩書房・新書編集部松田健氏に出版の面倒を見ていただく幸運に恵まれた。専門分野を越境して著作を願った筆者のような者にとっては大いに励みになった。この場を借りて感謝を申し上げる。

二〇一八年八月

川道麟太郎

[著者略歴]
川道麟太郎（かわみち・りんたろう）
1942年神戸市生まれ。大阪大学大学院工学研究科修士課程修了。工学博士。元関西大学工学部教授。建築計画学・建築論専攻。
著書に、『雁行形の美学―日本建築の造形モチーフ―』（彰国社）、『西郷「征韓論」の真相―歴史家の虚構をただす―』、『「征韓論政変」の真相―歴史家の史料批判を問う―』（以上、勉誠出版）、『西郷隆盛―手紙で読むその実像―』（ちくま新書）など。



装幀◎澤口　環

**かたられる西郷隆盛**　歴史学者は〝大丈夫〟か

2018年10月15日　第1刷発行　（定価はカバーに表示してあります）

著　者　　川道 麟太郎

発行者　　山口　章

発行所　名古屋市中区大須1-16-29
振替 00880-5-5616 電話 052-218-7808
http://www.fubaisha.com/
風媒社

*印刷・製本／モリモト印刷
乱丁本・落丁本はお取り替えいたします。
ISBN978-4-8331-0580-4